モーツァルトに導かれて

原澤典子

幻冬舎MC

はじめに～モーツァルトに憧れて

ウィーンとザルツブルクは、私が幼い頃から憧れていた街で、ザルツブルクはあのヴォルフガング・アマデウス・モーツァルトが生まれた街としても有名です。声楽のマスタークラスを受講するために、ザルツブルクを訪れたのが、私の初めての海外旅行でした。南ドイツのミュンヘンからザルツブルクへ列車で向かうとき、ザルツブルクの街に入る手前で、その列車がザルツァッハ川の鉄橋にさしかかったときに一瞬見えた光景は、私が描いていた夢の世界が現実として目の前に現れた瞬間でした。夏の光に川面がきらきら輝き、古い街の中に数々の教会とどこからでも眺めることができる小高い丘の上のホーエンザルツブルク城を見ました。

子どもの頃から病弱であった私は、大学時代も入退院を繰り返していたので、この初めての海外旅行でとても緊張していました。ところがザルツブルクにしばらくいると、悪かった体調もだんだんとよくなり、日本にいるときよりもむしろ体調のよい日が多くなりました。おそらく、それはモーツァルトが生まれた街で、この空気と自然のなかでモーツァルトの素晴らしい歌い手による講習会を受けることができ、またザルツブルク音楽祭の最高の演奏を聴くことによって、何かが私の中で変わったからなのかもしれません。モーツァルトが私を励ましてくれたからだと、その時に思いました。

これまでの長い人生の過程で、モーツァルトの音楽はさまざまな形で私に励ましを与えてくれました。声楽の道へと私を導いてくれたのも、モーツァルトの音楽だったといえます。そして世界的なモーツァルトの歌い手たちとの出会いをもたらしてくれたたくさんの経験は、モーツァルトからの魔法のプレゼントだったと思っています。そしてそこで得た経験は、いまも私の中にはっきりと息づいています。

意外なことに、モーツァルトにとってザルツブルクは逃げ出したい街でした。子ども時代には父親と共にイタリア、ドイツ、フランスなどへ旅行に出かけ、当時の最先端の音楽を学んだモーツァルトは、十代の終わりにも、母親と共にパリまで出かけ、さらには当時ザルツブルクを支配していた大司教とケンカして、ウィーンに移り住んでしまいます。しかし、現在のザルツブルクは、そんなモーツァルトの想いとは違って、モーツァルトの街として世界に知られています。そして、確かに今でも街のそここにモーツァルトの存在が感じられるような気がします。それは、結局若くして天に召されたモーツァルトが、より大きな愛と精神となって、宇宙のどこかに天使のように、鳥のように存在し、私たちに自然のエネルギーを与え続けているような、そんな感じなのです。私たちはそれに気づかないので、その響きがどんな大切な力を持っているか、今の時代に考えていかなくてはならないと思います。

モーツァルトの音楽の宇宙的な広がり。それを最も象徴する作品が、人生最後の年に作曲したジングシュピール（ドイツ語による歌芝居）「魔笛」だと思います。この「魔笛」という作品は、その初演のときに自分でパパゲーノを演じたシカネーダーという劇作家が台本を書いています。とても不思議な作品で、人物設定がおもしろいだけでなく、宇宙から地球までのすべての生き物を平和に導いてくれるような素晴らしいオペラです。私たちそれぞれの人生と多くの問題を解き明かすオペラだと思っています。

たとえば、このオペラには知識人の専門家たちの解釈もとても多くあります。最初のシーンで登場する主人公タミーノが、「きらびやかな日本の狩衣」を着て、蛇に追いかけられながら登場します。日本の狩衣を着た王子とは、一体どういう存在なのでしょうか？　そして、次いで登場するパパゲーノは「鳥刺し」という職業です。この「鳥刺し」というのは鳥を捕まえる人のことで、古くからヨーロッパにある職業のひとつ。日本にも鳥刺しがいました。「魔笛」初演のときの舞台衣装では、シカネーダー演じるパパゲーノは、鳥の毛で作ったような衣装を全身に纏い、鳥籠を背負っていたようです。その他にも、仏教的な寺院の雰囲気を思わせるザラストロの城など、東洋的な要素もたくさん出てきます。モーツァルトもシカネーダーも日本に来たことはありませんでした。しかし、どうも日本を知っていたのかもしれないと思わせる部分が多いのです。

ジングシュピール「魔笛」の魅力は、その設定だけではありません。主人公タミーノとパミーナは、お互いに魅かれ合いますが、出会ってから結ばれるまでには、たくさんの試練をくぐらなければなりません。また鳥刺しパパゲーノにしても、自分にぴったりの相手パパゲーナを得るためには、彼なりにたくさんの苦労をしなければなりません。「魔笛」の登場人物たちは、こうした試練を乗り越えて、初めて自分たちの求める幸せを得ることができるのです。それを教訓的に描くのではなく、素晴らしい音楽で描き出したモーツァルトの才能は、やはりアマデウス（＝神に愛されし者）だったからのものなのでしょう。

そして、そのすべての最後には、夜の女王、モノスタトス、三人の侍女などの「悪」

とされる勢力が打ち砕かれます。ザラストロのもとで、美と叡知が勝利したと合唱が歌い、大団円となります。そこでは、言葉以上に、モーツァルトの神々しい音楽が語りかけてきます。それはモーツァルトが願っていた世界が愛と平和に満たされるというメッセージなのです。

本書を通して、私は自分自身の経験した人生を振り返るだけでなく、モーツァルトの音楽の魅力、そしてモーツァルトの音楽の中のメッセージについて、自分がどう考えているかについても書いてみたいと思っています。

というのも、二〇一一年に起こった東日本大震災、そしてその後の原子力発電所の事故などを経験して、モーツァルトの願っていた世界のことについて、もっと多くの人に知っていただきたいと思うようになったからです。

モーツァルトはきっと今も宇宙のどこかで私たちの行動を見ています。そして自分が願っていた世界とは違う現在の世界に、警鐘を鳴らしているような気もします。モーツァルトの音楽を聴くたびに、私はそのことを思い出すのです。

※登場人物について、一部敬称略とする。
※「モーツァルト」はすべて「ヴォルフガング・アマデウス・モーツァルト」を指す。

第1章

モーツァルトの魂と音楽との出会い

不思議な縁で結ばれた父と母

まずはじめに、私と音楽との出会い、中でもヴォルフガング・アマデウス・モーツァルト（一七五六〜一七九一年）の音楽との出会いをお伝えしたいと思います。そして彼の音楽が私にとっていかに重要で、同時に、現在の世界にとっても重要なものであるか、を考えていきたいと思います。それは音楽を志した者の使命のようなものだと思います。

私が生まれたのは第二次世界大戦直後、つまり私は団塊の世代に入ります。私の父と母は戦争の時代に出会い、結婚しました。母のことをちょっと振り返ってみます。

母もまた声楽家を志していました。戦時中に音楽大学に進み、ドイツ人の声楽家の夫妻にも声楽を学んでいたそうです。しかし、時節は西洋音楽などを学んでいるような余裕を許しませんでした。ドイツ人のもとへ通う学生として、時に憲兵隊に後をつけられたりして、母には無言の圧力がかかっていたそうです。さらには、音大を卒業して間もなく母親を失うという悲劇に襲われ、ドイツへ留学したいという夢を諦めざるを得ませんでした。途方に暮れて、とりあえず公立高校の音楽の先生になり音楽を教え始めました。そんな時に、音楽好きだった父とめぐり逢い、結婚することになりました。「そんなに気が合ったわけではないけれど、当時としては他の選択肢がなかったの」と母は後年教えてくれましたが、父も音楽が大好きで、夢は母と同じでやはり声楽家になりたかったそうです。

母の声楽の才能はかなりのものだったようです。後年、母のお友達や先輩がよく話してくれました。母に聞くと、大学を卒業するときにはイタリア・オペラ「ランメルモールのルチア」（ドニゼッティのオペラ）のアリアや「アイーダ」（ヴェルディのオペラ）のアリアなどを歌って卒業したそうです。もちろんドイツ人のご夫妻に学んでいたので、モーツァルトをはじめドイツ歌曲はよく勉強したようです。母の夢が戦争によって断たれてしまったことは、本当に残念なことでした。

母の音楽的な才能がどこから来たのか、それについてはおもしろいエピソードがあります。祖母の出身地は愛知県の長久手というところでした。祖母は、その長久手という村でヴァイオリンを習っていたのです。長久手は、戦国時代には合戦の舞台ともなった場所で、祖母は長久手村の村長の娘だったと聞いています。洋楽にはまったく縁のない長久手村で、祖母はヴァイオリンを習い、楽器も持っていたそうです。

母は「その頃の田舎の村にしてはハイカラだったのでしょうね。まずは不思議でしょ？　その長久手村でモーツァルトを弾いていたらしいわよ。何もないようなところで」と話してくれたことがあります。

ところが今ではその村に愛知県立芸術大学が開校し、二〇〇五年には愛知万博が開催されました（そのテーマは「自然の叡知」でした）。これは何かの縁でしょうか。現在、人々の心が最も求めているもの、そして本当に必要なものは、音楽、芸術、自然環境文化にある、と多くの人が感じ始める時代になってきたと思います。近代日本の音楽文化の中でもかなり早い時期に、なぜ都会でなく長久手という場所にヴァイオリンがあったのでしょうか。戦国時代にも合戦があった。しかし、その場所にこそ、平和を願う気持ちから、その場所を清めるために天使の使い（＝モーツァルト）がやってきて、その場所を光り輝く響きで守ってくれ、そして世界中で愛されているモーツァルトが見守ってくれている。その場所に芸術大学ができ、自然環境文化に配慮した万博が開かれた。長久手にヴァイオリンがあり、それを学んだ人がいたということは、私にとってはとても不思議な意味をもっています。この場所、長久手はモーツァルトの聖地のひとつなのかもしれないと感じるのです。そして、祖母もモーツァルトに選ばれたひとりであったことは偶然ではないような気がします。祖母にはどうしてもモーツァルトの姉ナンネルを重ねてしまうのです。

さらに、その祖母の母（つまり私にとっては曽祖母）は、名古屋で初めての女性能楽師として、謡《うたい》が放送されたこともある方でした。曽祖母の身体はかっぷくが良く、お腹の底から朗々と声が響きわたったそうです。その他でも和の嗜みにも造詣が深く、茶道の裏千家今日庵淡々斎《こんにちあんたんたんさい》の直弟子でもあり、多くのお弟子さんにお稽古をつけていたそうです。

その曽祖母にとって、私の母はひとりだけの孫でした。曽祖母は、私の母を跡取りにすると決め、修行の一環として母を祖母とは別に生活させ、自分の下に置いて厳しい修行をさせました。そのひとつの、毎日お茶で使う神聖な水を甕《かめ》から汲むという辛い修行を、小学校に上がる前からさせられていたそうです。その辛い修行から逃れたいと思うこともしばしばで、一カ月に一度だけ会える自分の母に、逃げ出したいという思いをたびたび伝えたそうです。

そこで祖母は母のためにミッション系の素敵な幼稚園を見つけ、そこに通うことができるようにしてくれたそうです。そこの園長先生は外国の方で、当時学んだ賛美歌や英語の歌、その中にはモーツァルトの音楽なども含まれていて、家事をしながら何気なく鼻歌のようにやさしく流れてくる母の歌声を、私は子どもの頃によく耳にしました。

母は曽祖母の修行から徐々に離れ、邦楽から洋楽へ関心を移していきました。洋楽への憧れに目覚め、上の学校に進むにつれて、ピアノの音色と洋楽に魅かれていったのです。そして通っていた幼稚園でピアノと音楽を教えていらした先生の紹介で、その先生のご主人に音楽の手ほどきを受け、大変な思いをして曽祖母を時間をかけて説得し、やっとの思いで声楽とピアノを勉強することを許してもらい、東京の音楽学校に進むことができたそうです。それが大正時代の末頃のことだったと思います。

母は東京の音楽学校を卒業すると、研究科に残り県立高校の先生となりました。祖母（長久手村のヴァイオリン少女）が病弱だったために、小さな一軒家を江古田に買い求め、祖母と母は一緒に住みはじめました。戦争はだんだんとひどくなり、空襲警報のサイレンが鳴り響くなか、防空壕にたびたび避難しなければならないような生活でした。そのとき、祖母はあえて東京で母とふたりで住むことにしたそうです。それは病弱な祖母が自分の死期を感じてのことだったと思う、と母は話していました。そして、東京で再び声楽の勉強をして、ドイツ留学を夢見ていたのですが、祖母が亡くなり、留学をあきらめなくてはならず途方にくれていたときに、私の父と江古田で出会うことになったのです。戦争で体を壊し、九死に一生を得て帰ってきた父と留学をあきらめなくてはならなかった母が、同じ夢であった声楽家の道をあきらめて結婚。

父と母の結婚生活は、音楽大学のすぐそばの江古田で始まりました。そして私が生まれたというわけです。

病弱だった幼少時

私は生まれたときから身体が弱く、子ども時代にはよく寝込んでいたという記憶があります。食糧不足の時代で、配給を受けながらの生活でした。弱かった理由は、配給のミルクは遠くまで取りに行っても、家に持ち帰り温めるとほとんどが腐ってしまうことが多かったので、栄養不足であったからだろうと母が話してくれました。そんな時代に、お嬢様育ちであった母にとって、夫に仕え、すぐ子ども（私）が生まれ、その時代はまだ洗濯機もなく、火をおこしてからの炊事やお風呂の支度、その上育児もしなければならない生活は、とても大変なものだったと思います。

それでも歌を忘れることができなかった母は、込み上げてくる複雑な思いに対して、大きな声で歌ってストレスを忘れるようなことができればよかったのですが、当時はそんな時代ではありませんでした。多くの人は、戦後の復興のために寝食忘れて働いている時代でした。そんなときでも、母は遠慮がちに、優しく静かにモーツァルトの「子守歌」や「すみれ」、「春への憧れ」などを歌ってくれました（あの有名な「子守歌」は近年モーツァルトの作ではないという説が出されました。しかし、母は当然モーツァルトの書いた曲だと思って歌っていたでしょう)。

また、我が家の小さな応接間にあったアップライトのピアノからは、モーツァルトの「トルコ行進曲」やピアノ・ソナタも家事の合間に時々聴こえていました。子どもの頃の私は、音楽を真剣に聴くというわけでなく、日常生活のなかに自然に流れてくるものとして聴いていたように思います。そんなふうに、モーツァルトの音楽は、自然に、優しく、私の中に入ってきたのです。ふと思うと、小さな頃から、いつもモーツァルトの音楽の自然な響きに守られている感覚でしたが、同時にその中には厳しさや辛さの感覚も、なんとなく感じていました。今思えば、それは、そこから始まる私の一種の厳しい修行の予告だったのかもしれません。

モーツァルトの人生を振り返ると、そこには二十一世紀の現代人にもあてはまるような、さまざまな人生体験が詰め込まれています。そして、それはモーツァルト自身が短い人生の最後の年に書き上げたジングシュピール「魔笛」の世界を思わせます。自由と愛と平和を獲得するための試練、さまざまな価値観の対立、そして最終的には試練の末に新たな世界が開かれる。「魔笛」にはやはりモーツァルトの人生体験のすべてが詰まっているし、それを感じるからこそ、私たちはその世界に共感するのだと思います。

モーツァルトの音楽に自然に導かれるようにして、音楽の道へと進み始めた私ですが、その道は決して平坦ではありませんでした。病弱で、時にはギプスをつけなくてはいけないこともあり、歩くことも困難でした。そのためピアノを習い始めても、長い時間ピアノの前に座っていることができませんでした。それでも、母は大学を卒業したばかりの優しくかわいいお嬢さんに出稽古をお願いし、ピアノのレッスンを受けさせてくれました。

幼少の頃に見たウィーン

音楽の都ウィーン、そこには私にとって幼少の頃から心のどこかで故郷のような感じをもっていました。なぜなら、いつもそこへ行けるのは一瞬のことだったからです。世界一速いジェット機よりも、もっともっと速く飛んでいったような、まるで「不思議の国のアリス」のような体験をしていたのです。

その体験は夢の中での出来事でした。小学校低学年の頃まで何度か体験したその夢は、こんなふうでした。ふと気がつくと突然私はどこかの美しい広間にいます。するとそこには、素敵な衣装を身につけた王子様のような方がいて、私をもてなしてくれるのです。素敵なカップには、温かいココアが注がれ、それには山盛りの生クリームがのっています。当時の私は、もちろんそのようなものは見たことも味わったこともないものでしたが、周りの様子を窺うとみんなとても美味しそうにそれを口に運んでいるのです。私もそこで一口飲んでみました。とろけるような甘いチョコレートの香りとまろやかな生クリームが口いっぱいに広がり、あまりの美味しさに感動して、ゆっくりと一口、また一口と味わいました。バックにはモーツァルトの生演奏が流れており、次第に心も体もぽかぽかと温まり幸せいっぱいな気分に満たされます。さらに、山のような美味しいお菓子を目の前にして、そのまま居眠りをしてしまいます……。

次の瞬間、一瞬にして帰って来たそこは江古田の我が家で、私はギプスベッドに寝かされておりました。それは毎回、あっという間の出来事でしたが、その夢は今でも忘れることができません。なぜなら、その二十数年後に私は同じ体験をすることになったからです。私が幼少の頃、夢の中でいただいていた飲み物は「ハイセショコラーデ（ココア）」というものでした。それは、初めての海外旅行で、ザルツブルクのモーツァルト広場にあるカフェ「トマセリ」で飲んで初めて知りました。この出来事は、私にとって今でも忘れることのできない不思議な体験です。

耳の病気とモーツァルトの病

モーツァルトも子どもの頃には何度も大きな病気を体験しています。モーツァルトの伝記を読むと、特に小さな頃には「病気のために寝込んで演奏会をキャンセル」とか「帰郷してから寝込む」とか、そういう記述によく出会います。モーツァルトの父親レオポルトは非常に教育熱心で、しかも自分の子どもにかなりの音楽的な才能があると見ると、その才能を次々と各地の宮廷や貴族に紹介しようとします。神童である息子を、なんとか一流の音楽家に育てようとしたのでしょうが、小さな子どもにはかなり無理な旅を強いることにもなりました。

時代は十八世紀末です。現在のように舗装された高速道路があるわけでもなく、新幹線や高速列車もありませんでした。たいていは相乗りの馬車に揺られ、何日間も旅をします。最初はザルツブルクから比較的近いミュンヘンへ。そして一七六二年、つまり六歳の時にはウィーンへ初めて旅をして、シェーンブルン宮殿で、女帝マリア・テレジア（あのマリー・アントワネットのお母さん）などの前で御前演奏を披露しています。その時には女帝から大礼服を賜り、それを着た肖像画が残されています。しかし、その同じ月、小さなアマデウスは病気にかかって寝込んでしまい、演奏会をたくさんキャンセルしました。

その後、イギリスへ渡った前後にも大きな病気をしていますし、十一歳の一七六七年十月には再訪したウィーンで天然痘が流行しており、モーツァルト一家（当時は父親と姉が常に一緒にツアーに出ていました）はその病気を避けてチェコに行ったのに、そこで姉弟ともに天然痘にかかってしまい、モーツァルトは一時は失明するほど重く、危険な状態になったといいます。

現在ほど医療技術も進んでおらず、医者の数も少なく、入院できるような病院もない時代です。旅人として、各地をめぐっていれば、流行の病に感染してしまうことはよくあることでした。ヴォルフガング・アマデウス・モーツァルトは、そういう時代に生きて、そのなかで音楽の知識というものを身をもって得ていったのでした。

モーツァルトの寿命の原因については、さまざまな説がありますが、モーツァルトの病気も私がかかった病気と大変似ていたと思います。私は、もちろん戦後すぐの時代に生まれて育ったので、小さな頃の栄養状態はけっしてよくなかったと思います。それだけでなく、おそらく小児リウマチ、脊椎カリウスのような病気だったのではないかと思います。腰から大腿部が腫れて痛みを伴って足をひきずったり、歩けなくなったり、寝たきりになったりしました。そして耳が聴こえにくくなったりという症状は、モーツァルトにもよく見られたようです。脊椎カリウスを治すためにはその時代に出た新薬を飲まざるを得なく、それを服用しているとのちに副作用が出ることが分かりました。それはストレプトマイシンという薬で、のちにその副作用の症状は〝ストマイ難聴〟と呼ばれ、耳が聴こえにくくなるというものでした。

耳は音楽を愛するものにとっては大切な器官。私は聴こえないことを克服するために、何年もの長い期間をかけて耳で聴くのではなく、体全体で聴くことを身につけることができるようになっていきました。人間は耳だけで聴かなくても他の方法を各々の器官で感じ、見つける能力があると思います。私としてはマイナスが逆にプラスとなっていったのです。

第2章

モーツァルトの愛の導きと教え

ビルギット・ニルソンの声のエネルギー

大学に入った年に、音楽史の先生が紹介してくれたのがビルギット・ニルソン（一九一八～二〇〇五年）のコンサートでした。「今世紀ではきっと彼女以上の歌手は出てこないだろうから、絶対に聴くべきだ」と強く主張されたので、私も関心をもちました。そのときニルソンは、大阪国際フェスティバルが招聘したバイロイト音楽祭の引っ越し公演で来日しており（一九六七年）、東京でも公演を行ったのです。そして初めて歌を聴いて感激しました。もちろん東京で行われる有名な歌手の演奏会には、父や母と一緒に聴きに行っていましたが、コンサートでそこまで感激したことはありませんでした。

しかし、このニルソンのコンサートはまったく違いました。このビルギット・ニルソンの声には別格な何かを感じ、こんなに素晴らしい声があるのだろうか、という驚きでした。そして、彼女のレコードを全部買ってしまいました。そのコンサートのときにニルソンが歌った曲の中で、ヴェルディの有名なオペラ「運命の力」のレオノーラのアリア「パーチェ（神よ平和を与えたまえ）」という作品が特に印象に残っていました。さらに、リヒャルト・シュトラウスのリート、ワーグナーの「ヴェーゼンドンク」の歌曲から特に「夢」、そして「トリスタンとイゾルデ」の中のイゾルデの「愛の死」という曲はいつまでも私の中に入り、今日でも私の大好きな曲のひとつです。

この「夢」とイゾルデの「愛の死」は、モーツァルトの魔法の修行の一環として、この歳でもお許しが出たら、私もこの曲を歌いたいなと夢見ています。

初めてのザルツブルク

大学を卒業してから、大学の仲の良い友人たちと、「その夏にザルツブルクの講習会に行きたいわね」と話していました。私は体調もそれほどよくなかったので迷っていましたが、ドイツ語を習っていた先生に相談すると、早速学生向けのとてもいいツアーを紹介してくださったのです。そしてスケジュールに合わせて、ザルツブルクの講習会の前に、ホームステイ先を紹介していただきました。その講習会ツアーはゆったりしたスケジュールで、友人たちが荷物も持ってくれるというし、また両親もパスポートを取って万が一なにかあったらすぐに迎えに行けるような体制をつくってくれるということだったので、体調さえよければ行こうかなと思っていました。実際に、本当に出発する直前まで行けるかどうか分からないぐらいの状況だったのですが。

そしてザルツブルクに出発する直前には、申し込んだクラスの先生が参加されないことになり、代わりにリタ・シュトライヒという歌手の方が先生となるという連絡が来ました。私は聴講だけだったので、あまり深く考えませんでしたが、ドイツ語をご指導いただいていた先生が「あなたとは声の種類が違い、シュトライヒはコロラトゥーラ系だけど、有名な歌手だから行ってみたら」と言ってくれました。

当時はアンカレッジ経由の北回りの飛行機で、現在のようにダイレクトの便はありませんでした。当時の飛行機の都合で、一週間ばかり早く行くことになった私たちは、まずロンドンに着き、ロンドンに一泊、ホバークラフトでドーヴァー海峡を渡ってパリに一泊して、さらにミュンヘンに寄り、当時東京でドイツ語の先生のおかげで、先生のお姉さんの家にホームステイをすることになりました。

ドイツでの素敵なホームステイ

ミュンヘンでの滞在はとても素晴らしいものでした。場所はミュンヘン中心部から三十分ぐらいの郊外で、他の友人たちのホームステイ先も探しておいてくれました。私のホームステイを引き受けてくださったご家庭は、とても素敵なファミリーでした。大学教授のお宅で、小学四年生と中学二年生の女の子がいる四人家族でした。子どもたちは私の拙いドイツ語を一生懸命に聞いて教えてくれ、買い物へ行ったり街を案内してくれたり、また、食事やマナーについても優しく教えてくれて、とても居心地よく過ごすことができました。また友人のホームステイ先の中のおひとりが、ミュンへンにあるとても美しい歌劇場クヴィリエ・テアターの会員になっていらして、私たちのためにわざわざクヴィリエ・テアターで上演されるモーツァルトの「後宮からの逃走」のチケットを譲ってくださったのです。私たちは、初めて本場のオペラ劇場で普通は入れない王様が鑑賞するような豪華なボックス席で、モーツァルトのオペラを観ることができました。あんな素敵な体験は今でも忘れることができません。

さらに、ミュンヘン郊外の自然や、それに囲まれた暮らしが素敵でした。どこの家のお庭にも、林檎などの果実の木があり、それからミントの葉がたくさん生えていて、それをたくさん摘んでお茶にしたり、キイチゴ（フランボワーズ）を摘んでコンポートにしてアイスクリームにかけて食べたり。その当時は日本にはまったくない食べ物で、その食べ方にびっくりしたり、戸惑ったり、感激したり。そんなふうに食生活も自然でエコなおもてなしをしていただき、学ぶことの多い最高のホームステイを体験することができました。そんな滞在をしながら、次第にザルツブルクへと近づいていったのです。初めての海外、初めてのヨーロッパでしたが、自然にその雰囲気になれることができたと思います。

いざ、ザルツブルクの講習会へ

南ドイツ・ミュンヘンから鉄道でザルツブルクへと出発しました。一時間ほど過ぎると、右や左の窓越しにはのどかな田園風景を眺めることができ、ザルツブルクが近づいてきたと思うと、だんだんそわそわと落ち着かなくなっていました。それから間もなく、ザルツァッハ川の鉄橋に差し掛かったとき、ザルツブルクの古い街と教会、ホーエンザルツブルク城が目の前に飛び込んできました。それはまさに、子どもの頃に見ていた夢のような光景そのものでした。

モーツァルトが生まれたここザルツブルク、夢のような素敵な街で、私は明日からどんな体験が待っているのだろうとわくわくして胸がいっぱいでした。

駅を降りて、車でペンションに向かうと、間もなくさっき汽車から見えた光景が今度はワイドに目の前に迫ってきました。夢に見ていたザルツブルクの街は、モーツァルトをはじめ、カラヤン、その他にも世界最高の指揮者、演奏家、歌手たちのポスターでいっぱいでした。またどのお店のショーウインドウにも、音楽祭に出演される演奏家たちの写真が飾られ、夏の音楽祭一色でした。

いまやザルツブルクは、モーツァルトのおかげで音楽的にも経済的にもとても潤っています。大変な苦労と試練を重ね、経済的にも追い込まれていたモーツァルトとしては本意ではないかもしれません。しかしこの街はモーツァルトの故郷です。きっと懐かしくもいつかどこかで応援し、音楽による自由、自然、愛、平等、平和などを祈り、いつもその芸術の原点から外れないようにと見守ってくれているに違いありません。

リタ・シュトライヒが初めて行う講習会

　ザルツブルクのモーツァルテウム音楽院で行われる夏の講習会に参加するにあたって、大学を休学することが多かった私は、歌にも不安があったので、聴講生として登録していました。ましてや初めてのヨーロッパで世界的な名歌手にレッスンを受けるなんて、とても自信がありませんでした（内心は受けたいという気持ちが微妙にあったのが本音だったかもしれませんが）。現役の歌手であるリタ・シュトライヒが初めて教えるということで、この講習会のクラスには登録者が殺到していました。当然、オーディションは厳しいものとなりました。世界中から集まった生徒たちのレベルは高く、若いプロの歌手も何人かいました。私はオーディションの状況を聞いて、つくづく聴講生として申し込んでよかったと思っておりました。

　ところがオーディションが終わると、シュトライヒが私のところへやって来て、「あなた、まだ歌ってないでしょ」と尋ねるのです。聴講生として申し込んだことを伝えると、「あなたは曲を持っていないのか、どんな歌を歌うの？」と質問され、歌うことになりました。そして「パーチェ」を歌ったところ、「すぐに聴講からクラスを変えて、正式な受講生のコースに変えてらっしゃい」と言われたのです。そしてシュトライヒのレッスンを受けることになりました。

初めてのレッスンで、ヴェルディはまだあなたには早すぎるからと言われ、モーツァルトの曲から始めることになりました。「魔笛」の「パミーナ」のアリアを勉強しましょう。とても難しいけれど、「勉強になるから」と言われ、基礎が大切であることを教えていただきました。日本では受けたことのない、本当に素晴らしいレッスン、基礎の原点を教わることができたのです。そして、世界から集まったいろいろな国の人々と共にレッスンを聴く機会も大きな成果でした。新たな道が開けるような予感がしていました。

その時の講習会は三週間続きました。不思議なことに、ザルツブルクに滞在している間に、私の体調はすっかりよくなり、それまでの日本での不調が信じられないくらいに元気になっていました。それもモーツァルトの導きと、彼の生命力が私にエネルギーを与えてくれたに違いないと思っています。

その講習会の間に、ザルツブルクのレジデンツの大広間で、シュトライヒのリサイタルがあり、初めて彼女の声を聴くことになりました。すでにオペラの一線からはほとんど身を退き、当時は主にリート（歌曲）を歌っていたのですが、それでもまだ声は軽やかで美しく、こんなに素敵なリーダーアーベントは聴いたことがないと思うほど、魅力的なコンサートでした。本当に感激しました。

当日のプログラムはモーツァルトの「すみれ」をはじめ、シューベルト、アルバン・ベルクの「七つの初期の歌」から二、三曲など。レジデンツというお城の広間でのサロン・コンサート（モーツァルトの時代はコンサートホールがほとんどなかったので、演奏会はたいていがこうした宮殿の広間などで行われていました）は初めての経験で、その時代に思いを馳せることができるほど、素敵な雰囲気でした。

休日の散歩

講習会の休日には、「サウンド・オブ・ミュージック」のツアーに出かけたり、また郊外の自然の豊かさを体験しました。数々の湖、山々、その自然の豊かさ。そのなかでモーツァルトも生活したり、散歩したりしていたのです。モーツァルトは散歩が大好きで、お姉さんへの手紙にもそれが出てきます。丘を歩くと、いろいろな花が咲き乱れていて、その色とりどりの美しさ、そしてみんなその花を摘んで花束にしたりしていました。ザルツブルクの郊外には、自然に牛や羊が放された牧場があり、さまざまな色彩の野花が咲き乱れ、牛がゆったりと牧草を食んでいました。そうした自然との触れ合いのなかからモーツァルトの音楽も生まれてきたに違いありません。特にモーツァルトの歌曲「すみれ」などは、その風景なしには考えられません。

そして、モーツァルトの生家。あの細い路地（ゲトライデガッセ）にある建物の一角ですが、その近くに講習会用の練習室があり、毎日そこに通って練習をすることができたのも、忘れられない体験でした。そこにはやはりモーツァルトのエネルギーが満ち満ちていたのです。

そうした古いものを大事に残してゆくヨーロッパの精神は見習うべきものですね。東京は、日本は、経済を優先し、あまりに古いものを壊し過ぎています。もっと芸術文化を大切にする心が欲しいと思うのです。モーツァルトの自然と調和する心の響きを感じましょう。

モーツァルトにとっての修行の街ザルツブルク

ところで、モーツァルトはあまりザルツブルクが好きではなかったのです。その理由はさまざまだったのでしょうが、まずザルツブルクという街はカトリック教会が支配する街で、その権威が非常に強かったのです。その大司教の言われるままに作曲をしなければならなかったりすることは、それは才能ある音楽家にとって、とてもストレスフルだったでしょう。そういう権威的な人物に頭を下げていなければならない状態もいやだったでしょう。そして権力を持つ人物が、聖職者であるにもかかわらず、その権力を振り回して、聖職者にあるまじき行いをするようなこともモーツァルトは見ていましたから、その体験は彼にとって大きなものだったでしょう。モーツァルトはそういう裏表をいろいろと見てきたのでしょうね。

そうした社会の裏表は、十八世紀のザルツブルク、ウィーンでも、二十世紀の東京でも同じことなのです。それは人生の後半に私が身をもって体験することですが、それはのちほどまた詳しく書くことにします。

さて、こうして初めての海外、初めてのザルツブルクでの講習会を終えたのですが、その最後に、先生であったシュトライヒから、「あなたはこれからどうするのか」と聞かれました。私は「日本に帰る」と答えましたが、「あなたには、ぜひヨーロッパで勉強をすることをすすめます。あなたの声はとても素晴らしいのよ」と言われました。そんなことはまったく想像もしていなかったので、びっくりしましたが、留学したいという熱が、私の身体の中でふつふつと湧き上がってきました。

ザルツブルクを離れてから、再びイタリアの各地を旅行しながらも、帰国してから両親にどうやって留学することを説得しようかと頭がいっぱいでした。

そして期待と喜びに満ちていた気持ちを胸の中に抑えきれなくなっていた私は、帰国するとすぐに飛行場に迎えに来てくれていた家族に「ウィーンへ留学したい」と伝えました。そして、リタ・シュトライヒ先生の素晴らしかったレッスンやコンサート、ザルツブルクの街について、またそこでのさまざまな出来事をとめどなく話したのです。そして母にもう一度訴えかけてみました。「お願いだから留学させて」。母はあっけにとられたのか、私の心からの願いは簡単にはぐらかされてしまいました。あまりにも突然に私が思いをまくしたてたので、冗談だと思ったのかもしれません。そんなことより母にとってはお土産のほうが気になっていたのです。ザルツブルクの有名なお土産「モーツァルト・クーゲル」。ピンポン玉くらいの大きさのモーツァルトの顔をしたチョコレートの中にマジパンがたくさん入っているチョコレート菓子です。当時、日本ではめずらしかったので、母からたくさん買ってくるように言われていました。

家族が旅行の話やお土産に満足して一段落したところで、私は留学させてくださいともう一度お願いしたのです。すると母は「あなたが今回ヨーロッパへ行っているあいだ中、心配で心配でおちおち寝ることもできなかったのに、やっと帰ってきてすぐにそんなことをあなたの口から聞かされるとは思ってもみなかったわ」と深いため息をついていました。そして両親からはすぐさま「この親不孝者」と言われそうでしたが、しかし私の心の中はもう決まっていました。何を言われても私の描いた夢はもう変わりませんでした。けれども母は「あなたはまずはゆっくり体を治して、いずれお嫁さんに行かなくてはならない歳になっているんだから」と、ほとんど私の願いに耳を貸してくれませんでした。それでも私の留学の思いは微動だにせず、なぜか私の心には心配はありませんでした。きっと許してくれると確信が持てていたのです。

当時世間では「結婚適齢期」という慣例があり、ちょっと面倒くさい時代でした。母も世間体を気にして、その思いを背負っていたのかもしれません。世間体やお体裁、母の時代にはよく使われていた言葉です。社会的地位、名誉、学歴、家柄など、そしてまた外見的判断や、物質的判断、世間に対する見栄……。それはのちに私にとって重荷であり、特にモーツァルトの音楽の原点を追究してゆくには不必要に感じていました。もちろん母のサイクルの中で育てられましたから、私の中にも母の感覚は多少植え込まれていたことは間違いないことです。時には母と感覚がずれていることもありました。母は私の行動や言動に恥をかいたとぶつぶつこぼしていたこともありました。その厄介な世間体、お体裁、見栄、それらの振る舞いすべては、芸術の原点に必要がないと感じています。それらは、モーツァルトそして世界が生んだ多くの芸術作品のもつ自然なる原点を見つけにくくしてしまうからです。そこで留学の目的の一つとして、聖なる大作曲家たちを生み育んだ大地のエネルギーを感じることで、私自身がその自然と共に元気になるような気がしていたのです。

ザルツブルクの講習会へ出発するときも、二、三日前まで歩くこともままならず、出発寸前まで両親は体調のことをずっと心配していたのです。両親は体調が悪化したときはすぐに迎えに行けるように、自分たちもパスポートをとって準備していたのです。

そして仲の良いお友達にも世話になりながら、出発できたのです。私は、一カ月以上もヨーロッパにいても体調には問題なく、日本にいるときよりもむしろ元気に過ごせていました。そのことを一緒に行ったお友達からも両親はよく聞いていたのです。両親も考えが少しずつ変わってきました。もしかすると、娘にはヨーロッパの空気が合っているのかもしれない、日本にいても体調がよくなる確証もなく、世間体を気にして結婚といっても、いつのことかと両親の思いは不安を持つようになっていました。そしてついに、結婚のことを考えるばかりが人生ではないと気持ちを改めてくれたのでした。本当に難しい判断をしてくれました。そして留学することを、思い切って許可してくれたのです。

モーツァルトの自然への愛　歌曲「すみれ」から

映画『アマデウス』のおかげで、モーツァルトの人物像はすっかり「風変わりな天才」、「音楽は天才的だが、性格はちょっと変わっている人」というようなイメージで捉えられるようになってしまいました。しかし、実際のモーツァルトの作品をよく聴き、よく研究し、さらに彼の人生をよく振り返ってみると、映画の作り上げたイメージはあくまでもひとつの側面でしかなかったことが分かります。そのことを語る上で、どうしても避けて通れない作品が、歌曲「すみれ」（K476）です。

モーツァルトの生まれた街ザルツブルクを訪ねてみると、この街はヨーロッパ・アルプスの麓に位置しており、あの名画『サウンド・オブ・ミュージック』の舞台にもなったように、豊かな自然の中に歴史的な建物が点在しており、その中心街に沿って、豊かな川が流れているそんな街です。街を一歩離れれば、豊かな自然の中に見える牧草地帯、そして数々の湖、アルプスへと続く美しい山々。モーツァルトの生きていた時代とそれほど多く変わっていない現在のザルツブルクからは、モーツァルトもきっとこんな美しい自然を感じながら育っていったのだろうと想像することができるのです。また「すみれ」の歌には時に、『アルプスの少女ハイジ』のアルプス風景も感じさせてくれます。

モーツァルトは幼い頃からヨーロッパ各地を旅していました。その旅は楽しいだけでなく、とても過酷で、モーツァルトは姉のナンネルと一緒に何度か大きな病気をしたほどです。でも、イタリアからイギリスまで、十八世紀のヨーロッパの主要な都市を訪問したモーツァルトは、当時のどんな大人よりも国際的な感覚を身につけていたと思います。そして、その旅の過程で、美しいヨーロッパの自然を感じることができたでしょう。現在では飛行機が飛び回り、高速鉄道が整備されて、簡単に移動ができるようになりましたが、モーツァルトの時代はほとんど馬車かドナウ川を船で渡る旅でした。その馬車の車窓から、モーツァルトはどんな風景を見ていたのでしょうか。

モーツァルトの作品には、モーツァルトが感じていた美しい自然の風景、そして、それが神からもたらされたことに対する感謝の気持ちを感じることができるのです。特に歌曲「すみれ」、弦楽四重奏曲の「狩」、歌劇「魔笛」などです。

歌曲「すみれ」は、モーツァルトが一七八五年に書いた歌曲で、その歌詞はドイツの文豪として知られるゲーテ（一七四九～一八三二年）が書いたものです。ゲーテが書いたジングシュピール（歌芝居、「魔笛」も同じジャンルの作品）「エルヴィーンとエルミーレ」の中に登場する歌詞です。モーツァルトはこの詞に出会ったときには、まだゲーテが書いたとは知らなかったといわれています。

この「すみれ」はとてもおもしろい内容を持っています。まず可憐な「すみれ」は男子として設定され、そこに羊飼いの少女がやってきて、すみれはその少女に摘み取られることを夢見るのです。しかし、羊飼いの少女はその気持ちを知ることなく、すみれを踏みつけてしまいます。それでもすみれは、あの人に踏まれて死ぬんだからと、喜びながら死んで行くのです。

そして最後に「かわいそうなすみれよ！　それは本当にかわいいすみれだった」と二行の詞が付け加えられますが、これはモーツァルト自身が片思いの感情が抑えきれず、歌曲を作曲するときに加えた部分であると思うのです。

モーツァルトはこのゲーテの詞のどこに魅力を感じていたのでしょうか？　たとえばすみれが男子で、羊飼いの少女に儚《はかな》い憧れを抱く、ということでしょうか？　それとも、すみれの純情な心根でしょうか？　モーツァルトの音楽は、可憐なすみれの真情をそのままに伝えているような気がします。

モーツァルトは散歩が大好きだったと言われています。ザルツブルク、あるいはウィーンで春先に散歩をしている途中で、道端に咲く可憐なすみれの姿をよく見ていたのではないでしょうか。そのモーツァルトの観察眼に自分の恋の体験を通したとき、自分の中に感じられる音楽とゲーテの詞がぴったりと合って、この歌曲が生まれたのではないかとも思います。

この「すみれ」という歌曲は、ドイツ歌曲を勉強するようになると、先生が学生に一番最初にくださる歌曲のひとつです。モーツァルトの作品は、一見、楽譜の複雑さがなく、勉強するには簡単そうに思われますが、実際にはとても難しく、さらには現在のように自然の中で生活することがなく、自然から離れてしまっている世界の中に生きている音楽学生、演奏家にとってはとても難しいものになっているのです。モーツァルトの音楽は自然から生まれたものだと思いますし、自然は神の恵みであり、その自然のエネルギーは素晴らしいものです。それがモーツァルトの音楽の原点でもあるのです。

最近の事例では、家畜や植物、そしてワインや日本酒やチーズにモーツァルトの音楽を聴かせて育てる方法があり、良い成果を挙げていると聞いたことがあります。まさにそれは理にかなった、素晴らしいことだと思います。というのも、バランスのとれたモーツァルトの響きの流れは、生きているものの細胞の隅々に行き渡り、素晴らしい自然の呼吸を与えてくれるからです。モーツァルトが教えてくれる不思議な魔法の音楽。自然と平和のハーモニー。

モーツァルトは三十五歳で他界しましたが、その音楽は今でも生き残って、こうして演奏されるだけでなく、さまざまな場面で役立っています。そこには、亡くなったあとも、作品の中に生きているモーツァルトが、時には天使になり、時には彼の作り出した歌劇の人物（＝ザラストロやパパゲーノ）になって、世界を旅して回っている、そんな存在として生き続けているように感じるのです。音楽の中の調和、それが宇宙と地球の調和にまでなり、生きとし生けるものすべての調和と平和のために、モーツァルトの音楽は生きている。その音楽の流れと原点を伝えられる器を育てる旅を、ずっと続けているような気がします。試練とは原点を見つける道であり、そして旅なのではないでしょうか。そしてモーツァルトの魔法とは、彼の愛から与えられる自然への愛なのではないでしょうか。

現在、私たちの住む世界は経済を中心に回っていて、自然が省みられることは少なくなってしまいました。それを実感したのは、二〇一一年三月十一日以降の原子力発電所の事故です。東日本大震災とこの原子力発電所の事故により、私たちは計り知れないほど、人々の心を傷つけてしまったのです。それはモーツァルトが望んでいた平和と調和の世界とは正反対でした。

モーツァルトの書いた歌曲「すみれ」。その美しいメロディを聴き、歌ってみると、そこにモーツァルトが込めた想いが次第に分かってきます。モーツァルトの慈しむような自然への愛と共感。私たちはいま、大切な地球の健康を心配しなければならない時機に来ています。その時にこそ、このモーツァルトの美しい音楽が世界の人々の心に訴えかけ、自然の魅力、美しさをもう一度大切にするように呼びかけている。そんな気がしてなりません。

歌曲「ルイーゼが不実な恋人の手紙を焼いたとき」

モーツァルトにはとても素晴らしい作品がたくさんありますが、歌手としてはどうしても彼の書いた歌曲（リート）に注目をしなければなりません。そしてモーツァルトの歌曲は、まだそのジャンルが確立する前に、非常に高い芸術性を示した作品として、ドイツ・リートの元祖とも考えられています。モーツァルトが切り開いた世界があるので、ベートーヴェンもシューベルトも、そしてそれ以降のシューマンもブラームスも、歌曲の世界を発展させることができたのです。

ここでは「すみれ」の自然の美しさと違って、人間の業《ごう》の苦しさを作品にしています。先に「すみれ」を紹介しましたが、ここでは忘れられない作品のひとつ「ルイーゼが不実な恋人の手紙を焼いたとき」のことを書いておきたいと思います。というのも、ウィーンでの生活の中で、校長先生の家に下宿していた時の事件が、この歌曲の世界と重なるように思えたからです。

「ルイーゼが不実な恋人の手紙を焼いたとき」（K520）はとても短い作品なのですが、ドラマティックで印象的な作品です。モーツァルトがこの作品を書いたのは一七八七年の五月二十六日です。友人であったゴットフリート・ジャカンの家で書かれたことが分かっています。ジャカンはモーツァルトの弟子でもあり、外交官として生活していました。その家で急かされるように書いたのです。ジャカンとモーツァルトの間には、モーツァルトが書いた作品をジャカン作曲として世の中に出すという契約があったようです。この歌曲もそれらのひとつとして知られ、またジャカンはこの曲を愛人のひとりであったフォン・アルトモンテ嬢にあげてしまっています。

歌詞は女性詩人のガブリエーレ・フォン・バウムベルクが書いたもので、彼女の実体験を綴ったものとされています。その内容を説明すると、不実な恋人からの手紙を焼きながら、炎から生まれた恋だから、もう一度炎で焼いてあげましょう、ということを歌っていきます。わずか二十小節の作品なのですが、とてもドラマティックな音楽がつけられていて、オペラの天才だったモーツァルトらしい音楽となっています。こんな劇的な歌曲はなかなかありません。「すみれ」にしても「ルイーゼが不実な恋人の手紙を焼いたとき」にしても、わずか数分の間の中に、オペラのようなドラマがおさまっています。モーツァルトは自然と業の両極端な部分を曲にしています。人々の修行はここにあるのかもしれません。

そして、この詞の内容、モーツァルトの音楽が、聴くたびに私にウィーンでの下宿生活、その家主たちの生活の裏側、生活の真実を思い起こさせるのです。

もしかして、モーツァルトにも同じような体験があったのでしょうか？

モーツァルトの歌曲の世界は、他の作品とくらべると意外に知られていないようですが、しかし、K５００番台にはたくさんの傑作が残されています。「夕べの想い」「クローエに」「春への憧れ」などなど。音楽好きの方はぜひ一度その世界に触れてほしいと思います。

第3章
モーツァルトと魔法の修行

なぜウィーンは音楽の都なのか

ウィーンは音楽の都といわれます。現在でも多くの音楽家が住み、ウィーン国立歌劇場をはじめとした劇場や、数多くの世界一流の演奏団体がひしめいています。音楽大学には世界中から留学生が集まり、日々研鑽を積んでいます。おそらく街の人口に占める音楽家の割合は、世界でも最も多いのではないでしょうか？ ウィーン・フィルハーモニーが毎年お正月に開催しているニューイヤー・コンサートは、今では世界中の国に同時中継されていて、日本でも観ることができます。

なぜウィーンは音楽の都になったのか。それには長い歴史がありますが、何といってもこの街はハプスブルク家のお膝元として長く繁栄していたことが理由としてあげられるでしょう。ハプスブルク家は最初はスイスの一地方の貴族でしたが、中世に次第にその領土を拡大していって、十六世紀にはスペインなどを支配することになり、さらには中南米の地域をその支配下に入れました。

その結果ハプスブルク家の領土は世界中に拡大し、カール五世の時代には「日の沈まない国」、その広大な領土では常にどこかの国で太陽が昇っているというぐらい大きな国となりました。

ウィーンはそのハプスブルク家の中でもオーストリア・ハプスブルク家の首都として栄えます。現在の国名でいうと、オーストリア、ハンガリー、チェコ、スロヴァキアをその領土として支配していました。お隣の国はこれも大国のオスマン・トルコでした。オスマン・トルコとは何度も戦争となり、ウィーンはオスマン・トルコ軍に包囲されたりしましたが、その結果として、オスマン・トルコのさまざまな文化が伝わり、有名な「トルコ行進曲」やクロワッサンが現代にも伝えられることになります。

あのマリー・アントワネットのお母さん、女帝のマリア・テレジアの時代には、ロシア、オスマン・トルコ、そしてオーストリアのハプスブルク家、さらにはフランスのブルボン家がヨーロッパのほとんどを治めていたのです。

そんな街ウィーンですから、王様だけでなく貴族も数多く集まっていました。そして王家や貴族の儀式には必ず音楽が必要とされたので、世界中から仕事を求めて音楽家（作曲家も演奏家も歌手も）が集まってくることになったのです。アマデウス・モーツァルトもその中のひとりでした。

モーツァルトがウィーンへ移住した理由

モーツァルトがウィーンに定住するようになったのは一七八一年(二十五歳のとき)です。それまでに何度かウィーンを訪れていましたが、それはあくまでも滞在という形で、住むというものではありませんでした。しかし、一七八一年からは亡くなる一七九一年まで住み続けることになります。一七八一年に何が起こったのでしょうか。

モーツァルトが故郷ザルツブルクのことをあまり好きではなかったのは、その街が大司教の支配下にあり、そこで自分の才能を自由に伸ばすことができなかったから。しかも大司教とはなにかにつけて対立し、演奏旅行なども自由にできなくなっていたからです。一七八一年、モーツァルトはまずミュンヘンに滞在していました。それは自作のオペラ「イドメネオ」を上演するためで、一七八〇年の秋からずっとミュンヘンに滞在していたのです。それはミュンヘンのバイエルン選帝侯カール・テオドールのために作曲をしていたのですが、それをザルツブルクの大司教がおもしろく思うはずがありません。ザルツブルクでの仕事を半ば放り出して、ずっとミュンヘンに滞在しているモーツァルトに対して、大司教は「自分はいまマリア・テレジア女帝の葬儀のためにウィーンに来ているから、すぐウィーンに来るように」という命令を出します。

一七八一年三月モーツァルトはミュンヘンを出発してウィーンに向かいました。ウィーンでは、もともとソリの合わなかった大司教と決裂してしまい、モーツァルトは旧知の間柄であったウェーバー家を頼り、その家に居候することになります。ウェーバー家は音楽一家で、モーツァルトはそこの娘アロイジア（素晴らしいソプラノ歌手だったといわれます）に恋をしたこともあったのですが、それは実りませんでした。しかし、ウェーバー家にはもうひとり娘がおり、それがモーツァルトの奥さんとなるコンスタンツェでした。おそらく才能のある音楽家モーツァルトを取り込むことで、自分の娘と結婚させてしまおうとウェーバー家の両親は考えたのでしょう。モーツァルトの奥さんとなったコンスタンツェはそれほど音楽的な才能があったわけではないようですが、しかし魅力的な女性だったようです。

マリア・テレジア女帝が亡くなり、その息子であるヨーゼフ二世が新たに即位して、ウィーンも変わろうとしていた時代でした。そしてモーツァルトは、神童時代から何度も訪問していたウィーンではすでに有名な音楽家で、貴族からの仕事の依頼なども次々に舞いこんできたために、自分はこの街で自由な作曲家として活動していけるという自信を持っていたようです。そしてこのウィーン時代、モーツァルトにとっては人生最後の十年ほどを過ごすことになったウィーンで、数々の傑作を書いていくことになります。もちろんジングシュピール「魔笛」もそのひとつです。

講習会からウィーンへの留学

さて、私のことに戻りましょう。体調が悪く、行けるかどうかさえ分からなかったザルツブルクでの夏の講習会に参加することができ、さらには講師としてプリマドンナの声を間近で聴かせてくれたリタ・シュトライヒにも認められ、ぜひヨーロッパに来て勉強するようにと誘われたところまでは良かったのですが、もともと身体の丈夫でない私が留学を簡単に許されるはずもありませんでした。

ザルツブルクでの大司教の権威のもとで自由な活動ができず苦しんでいたモーツァルトとは立場が違いますが、私もさまざまな困難があって、すぐにヨーロッパへ行って勉強することは難しい状況でした。しかも、当時、リタ・シュトライヒはヨーロッパのどこかの学校で教えていたわけではなく、演奏活動の合間に夏にザルツブルクでマスタークラスを行っていただけなので、どこの街に行って住めばよいかも分かりませんでした。

しかし、シュトライヒは、「自分の本拠地はウィーンで、演奏旅行の合間には必ずウィーンに帰ってくるので、そのときにレッスンをしてあげるから」と言います。つまりとりあえずウィーンに住んでいればレッスンを受けることができる、ということでした。

どうしてもウィーンで音楽の勉強がしたいと思いつめていた私は、なんとかシュトライヒのレッスンを受けたいと思いました。リタ・シュトライヒのレッスンの素晴らしさが体の中に巡り、その思いをもちながらツアーの学生たちと合流し、イタリア旅行をしてまわりました。その旅行の中で私にとって大変印象的であったその街には十二〜十三世紀に活動したアッシジの聖フランチェスコの功績をたたえた聖フランチェスコ聖堂があります。そこをお参りしました。それはのちにモーツァルトの音楽に通じる原点であったのかもしれません。

ザルツブルクからの帰国後、お世話になっていたドイツ語の先生にすぐお願いして、シュトライヒ宛に、私がいつからウィーンのシュトライヒのもとで勉強できるかをお伺いする手紙をドイツ語で書いていただきました。そしてその返事を数カ月待っていました。秋も深まった頃にシュトライヒから返事がようやくきました。そこには「ぜひ、勉強にいらっしゃい。でも私がいろいろなところで個人的に教えていることは、他人には言わないでくださいね」と書いてありました。それは自分が現役のプリマドンナであることを維持していたかったからだと思います。音楽学校などに関しては友達にも聞きながら、次の春までにウィーンへ留学することになりました。

ザルツブルクから帰ってきてからは不思議に体調がとてもよくなっていたので、帰国後健康にも自信がついてきました。そして熱意を感じてくれたのか、私の両親も、留学ではなく、ちょっとした期間の「遊学」のような感じでウィーンに住むならばと考えてくれたのです。両親も娘がウィーンにいれば自分たちのヨーロッパへの旅もいつも楽しむことができるというようなことを考えていたのです。

ウィーンにはその時にすでに同級生が一年前から留学していましたし、先輩も住んでいました。その方々が下宿を探してくださり、学校への手続きも手伝ってくれました。その頃はウィーンの大学はまだ「アカデミー」と言っていた時代で、音楽だけでなく、演劇、そして写真などの学科も校舎が一緒になっていました。そして私の留学直後に単科大学（ホッホシューレ）になりました。

ウィーンの音楽大学に通いながら、リタ・シュトライヒのレッスンを受ける生活がはじまりました。それは何もかも新しく興味あることばかりでした。そのなかで素晴らしいオペラとコンサートを聴きながら、ウィーンで一年間ほど勉強していました。その後、数カ月してからシュトライヒから連絡がありました。「大学の先生をするかもしれない。でもウィーンではないのよ」という手紙でした。結局シュトライヒはエッセン（ドイツの街）の大学の先生になることが決まりました。

エッセンとウィーンの往復

エッセンというのは鉄鋼の街で、歴史と伝統のある古都でしたし、そこの音楽大学は素晴らしい先生を揃えていました。たとえばチェロのポール・トゥルトゥリエ（フランス人の名チェリスト）、ホルンのヘルマン・バウマンなどです。鉄鋼によって潤っていたので、人工の湖や丘の上には素晴らしい館（ヴィラヒューゲル）があったりと、非常に豊かな文化を持っている街でした。その館では世界的な大学教授の演奏も聴くことができました。音楽大学も世界的な先生を呼ぶという学校の方針で、歌の分野ではリタ・シュトライヒに白羽の矢が立てられたようです。日本人の留学生もけっこう多く来ていましたが、声楽には日本人はひとりもいませんでした。

私はとにかくシュトライヒにつくためにヨーロッパへ来たのだし、その当時はどんなことがあっても彼女のレッスンを受けたいと思ったので、エッセンの音楽大学に移ることにしました。しかし、エッセンの大学に移っても、結局シュトライヒがそこに教えにやって来るのはひと月に一度二、三日か、あるいはひと月半に一度ぐらいという頻度だったのです。エッセンはもちろん良い街ですが、ウィーンにくらべるとやはり音楽環境が違いました。ウィーンにいれば、毎日素晴らしいオペラやコンサートが開催されているし、シュトライヒ以外にも優れたコレペティトゥア（歌手と共に準備をしてくれるピアノの先生）の方がいて、その方たちのレッスンを受けることもできるわけです。

ところが、私がエッセンに引っ越して一年後ぐらいに、シュトライヒが今度は「私はウィーンの先生になるわ」と言い出すのです。せっかくエッセンに引っ越したのに、またウィーンへ引っ越すのかと戸惑いもありましたが、私の中ではある意味喜びでした。ウィーンへ再び引っ越しです。シュトライヒは両方の学校で教えることになったのですが、私はウィーンの文化的な状況が素晴らしいことを知っていたので、ウィーンで学ぶことを選びました。それでもシュトライヒの要望はエッセンの学校をすぐ辞めないで、飛び級してでも卒業するまではエッセンに滞在してほしいと。シュトライヒも大学の学長にそう言われていました。そんなわけで無理とは分かっていたのですが、音大の学費はまったくいらず、いろいろな奨学金もいただきながら、エッセンを引き払うのは一年後になりました。そしてそれまで、ウィーンとエッセンの両方の学校を往復しなくてはなりませんでした。

その旅は私にとって、音楽を演奏するための素敵な栄養となりました。ウィーンからエッセンへの汽車の中から見る景色は、森、牧場、畑が四季を通じてさまざまに変化し、その自然な風景はまるでモーツァルトの旅のようで音楽そのものでした。

シュトライヒはプリマドンナのプライドを捨てたのでしょうか。「私は老後のために学校の先生になることを選んだのよ」とそのときおっしゃっていましたが、当時のシュトライヒはすでに第一線の歌手として終わりを迎えようとしていました。そういう時期は歌手にとって、とても微妙な精神状態となるのです。そのため、シュトライヒはとても難しい問題を抱えていたのだと思います。また、お仕事をしていない、戦争で手を失った体の弱いご主人や子どものためにも、彼女がそうやって働く必要があったようです。

「魔笛」の配役のような先生方

留学直後にはいろいろとうまくいかない部分もありましたが、ともあれ再びウィーンでの生活が始まりました。ウィーンでついた先生方は、まるで「魔笛」の登場人物たちのようでした。

シュトライヒは夜の女王。彼女は特にコロラトゥーラ系ソプラノの第一人者でした。そしてテノールのアントン・デル・モータはタミーノ。バスのハンス・ホッターはザラストロ。そしてソプラノのセーナ・ユリナッチがパミーナ。

それぞれがそのジャンルの第一人者であり、また優れた歌手であり、オペラは「魔笛」だけでなく、モーツァルトのオペラ歌手としても他のオペラでも、世界中のオペラハウスで大活躍なさっていました。私はその四人から大きな影響を受けました。この先生方に導かれ、縁をくださったのはモーツァルトだったのかもしれません。そしてオペラだけでなく、歌曲（リート）もこうした先生方から教えていただくことになったのです。

デル・モータはたぶん七十歳を越えてからウィーン国立歌劇場でタミーノを歌っています。ホッターもザラストロを歌っていました。ユリナッチとはいろいろなエピソードがあるのですが、彼女のスイスの講習会で知り合い、その後ミュンヘン郊外の自分の家に招いてレッスンをしてくださいました。彼女もまだウィーンで歌っていたので、連絡を取ると、ウィーンでもレッスンをしてくださったんです。とても心優しい人で、私をとても評価してくださっていました。ユリナッチが言うには「私はプッチーニの『蝶々夫人』を百回以上も歌っているけれど、あなたは、日本人離れしたプッチーニの音楽そのものの蝶々夫人を歌える人で、あなたに適している役だと思う」と言ってくださいました。

ウィーンでは彼女は「マルシャリン」（「ばらの騎士」）などを歌っていましたが、それを歌うときにはウィーン国立歌劇場の入り口で待ち合わせをして、劇場の中でレッスンをしてくれたりと、いろいろな形でレッスンをしてくれました。彼女は一昨年（二〇一一年）他界しました。思い出すと本当に面倒見のよい先生で、アウグスブルクの家に伺うと、昼食、午後のお茶、夕食、夜食すべて手作りで、とてもお料理が上手で、そのおもてなしには感動するばかりでした。

ウィーンのアパート事情

ウィーンで困ったのはアパート事情でした。私がウィーンで住んだアパートにはいろいろ問題がありました。まずお風呂のお湯が出ない、流れが悪いなどのトラブルがあり、何度も直してほしいとお願いしたのに、いつも「直したよ」と言うわりには、ちっとも直っていないことが多いのです。そして、修理は朝の五時にはやって来ます。ウィーンの仕事師さんたちの朝はとても早いのです。またトイレが部屋の外にありました。共同です。なので、トイレに行く時には必ず用意していくものがあります。それはトイレの大きくて重い鍵と自分用のトイレットペーパーです。寒い冬には、セーターを着て、その上にガウンなどを羽織り、奇妙な格好でトイレに行かなければなりません。日本では考えられないことです。そのぐらいウィーンの寒さは尋常ではないのです。そのうえ廊下も真っ暗で、気味悪く、お化けが出そうでした。そしてすぐに廊下の電灯のスイッチを探ります。その電灯もスイッチを入れてから一～二分で消えてしまいます。そうやって電灯のスイッチを入れながらトイレに行き、また同じようにして部屋に帰ってくるのです。

これはトイレだけでなく、玄関から自分の住居につく間もこの照明の様式なのです。そしておもしろいことに、ウィーンの住居は建物が百年も二百年も経っているのに、どんなに古い家でもそうした節電機能がついていました。三十五年ぐらい前ですが、ウィーンではそういう省エネをすでに実践していたのです。

その私の住んでいたアパートはウィーン郊外を流れるドナウ川につながるドナウカナル（支流の運河）沿いの、しかも一階の部屋でしたので、冬の寒さは半端ではありませんでした。女性にとっては、外にトイレがある、しかも寒いという最悪の条件でした。それなのにこのアパートに決めたのは大家さんも感じがよかったですし、部屋も一見きれいでピアノ付きだったからでした。

ウィーンのような音楽の都でも、周囲の条件によっては、そのアパートの住人が音を出すことに対してとても厳しく、なかなか思うような家を見つけることは困難でした。そのようなアパートで生活していくのは耐えられなかったので、再び家探しをはじめました。新しい部屋を見つけるためには自分で新聞に広告を出すか、学校の掲示板で探します。自分は音楽大学の女生徒で、ウィーンの中心である一区か、学校に近い三区が希望です、というようなことを書いて新聞に出すのです。そういう家探しもとても大変な作業でした。

おそらくモーツァルトも、後輩のベートーヴェンもアパート探しはとても大変だったでしょう。モーツァルトがウィーンへ来た当初（一七八一年）は、コンスタンツェの実家であるウェーバー家に居候していたのですが、結局コンスタンツェと結婚します。これは父レオポルトの承諾を得ないものでした。モーツァルトは一七八四年から一七八七年まで、ウィーンに現在も残っている「モーツァルト・ハウス」と呼ばれるアパートに住んでいました（現在は博物館のような施設になっています）。モーツァルトは旅をして、いろんな国での生活はもちろん、ウィーンでも何回も引っ越しをしています。

またベートーヴェンはウィーンに住んだ三十年間になんと七十回以上も引っ越しをしたといわれています。ベートーヴェンは昼夜を問わず、ピアノをガンガン演奏する。映画でも描かれたことがあるように、部屋で水浴びをして、階下の部屋を水浸しにする、また家政婦さんを雇っていたのに、すぐクビにするなど、さまざまなトラブルを起こしたようですね。いずれにしても、古い建物が多く、建物の中の構造は木で作られていて、床のすぐ下が天井というような住居が多かったウィーンでは、なかなか安くてよいアパートを探すのが難しいのです。特に中心街は家賃が高く、学生に合う良いアパートがとても少なかったのです。

そこで引っ越しすることに決めて私が見つけた下宿は、目の前にはウィーン市民の集まる一番大きな市場、ナッシュマルクトがありました。引っ越してここの下宿の私の部屋の窓を開けてみると、「魔笛」や「フィデリオ」が初演されたテアター・アン・デア・ウィーン劇場の入り口でした。そしてそこにはびっくりするような大きな喜びが待っていました。それはオペラ「魔笛」の登場で、パパゲーノと童子たちの有名な像が目の前で私に挨拶をしてくれていたのです。またもや、モーツァルトが私に素敵な魔法での歓迎のもてなしをしてくれたのでした。

その下宿先は男爵夫人の家でした。その夫人は、ハプスブルク家の宮廷貴族の家族によくあるように、マリア・テレジアに似た顔立ちで、かなり口うるさい人でした。しかし、日本の家庭では経験のできないような生活と雰囲気を味わうことができました。男爵夫人は八十歳を越えていましたが、いつもキレイにお化粧を欠かさず、週に少なくても一度は友人たちを家に招きます。そこで四時のお茶をしながらトランプに興じるのです。まったくの「ウィーン気質《かたぎ》」そのものがそこにありました。

モーツァルトと鳥、そして猿田彦

私の人生を振り返ったときに、不思議な出会い、普通はありそうもない出来事がたびたびありました。そして、それは喜びだったり苦しみだったり、その都度、モーツァルトがそばにいる気配がしていたのです。少し道をそれますが、その点について個人的に思っていることを、まず書いておきたいと思います。

私は小さな頃から身体が弱く、時には歩けないような状態になることもありました。その原因は、いろいろとお医者様にかかったのに、よく分かりませんでした。モーツァルトも子どもの頃、故郷のザルツブルクを離れて遠くに旅に出ているときに、急に熱を出したり、大きな病気をして寝込んだり、ということを何度か経験していました。

もうひとつ、モーツァルトは鳥に深く関わりがありました。モーツァルトは不思議なことに、付き合ったり、出会った人には深い関心をもつのですが、それ以外のこと、たとえばあんなにたくさんいろいろな国や街を訪ねているのに、その風景について書いた手紙はほとんどありません。それも不思議なことですね。それは自然の風景がどこまでも続いて、宇宙が音楽のすべての響きを感じとっているからなのでしょうか。

モーツァルトの人生の中には、いくつか鳥にまつわるエピソードが残されています。たとえば、ウィーンに住むようになった時代に、モーツァルトは街で、あるメロディを囀っていたムクドリを見つけます。そしてそのメロディを書き取り、さらに自分のピアノ協奏曲（第十七番、Ｋ４５３）の第三楽章にそのムクドリの歌ったメロディを使っているのです。モーツァルトはそのムクドリに「シュタール」という名前をつけてかわいがっていたのですが、しばらくして亡くなってしまいました。それで、わざわざ追悼の詩を書いて、自分の家の庭の片隅に埋めたそうです。

モーツァルトと鳥の関係でいえば、一番有名なのは「魔笛」に出てくるパパゲーノかもしれません。この「パパゲーノ」という名前は、実は古いフランス語の「おうむ」を意味する言葉「パプジェ」から取られたといいます。「おうむ」は「おしゃべりな人」を意味するともいわれていますので、パパゲーノはかなりおしゃべり。そして、三人の侍女によって、口かせをされてしまい、しばらくおしゃべりができなくなってしまいます。おしゃべりな人にとって、おしゃべりができないのはとてもつらいことだったでしょう。もしかすると、シカネーダーもおしゃべりで、友人であったモーツァルトにからかわれたりしたのかもしれない、なんて思うこともあります。

モーツァルトには、探し始めると実にたくさんの鳥のエピソードが出てきます。ザルツブルクにいた子ども時代にはカナリヤを飼っていました。そして、先に書いたムクドリが亡くなったあとにも、カナリヤを飼い始めたそうです。モーツァルトが亡くなった後には、鳥籠が遺産として残されました。

またモーツァルトの音楽の中には鳥の声を真似したような、軽快なトリルやメロディがたくさん出てきます。「雀のミサ」と呼ばれるK２２０の「小ミサ曲」の中には、雀の声のようなヴァイオリンのメロディが登場しますし、ピアノ・ソナタ第十六番ハ長調（「初心者のためのソナタ」とモーツァルトは書いています）の第三楽章にはかっこうの鳴き声を真似たような主題が登場します。

モーツァルトと鳥というテーマをもっと深く追究してみると、今日の私たちの日常生活の中に自然がとても大切であることを感じることができます。モーツァルトにとって鳥はどんな存在だったのでしょうか。ただ単に、自分の心を和ませてくれる存在だったのでしょうか。いえ、モーツァルトはおそらく鳥の声のなかに、自然からのメッセージを感じ取っていたのではないでしょうか？　とても鋭敏な耳を持っていて、激しい音には泣いてしまったという子ども時代のエピソードを持つモーツァルト。あらゆる音によって、さまざまなメッセージを感じることができたモーツァルト。おそらくモーツァルトにとって、鳥の声は、大自然とそれをつくり出した神様や宇宙からのメッセージだったのではないでしょうか。

そんなことを大人になってから感じていたのですが、私は言葉をしゃべり出した頃からいろいろな鳥たちの声に敏感でした。まだ言葉もしゃべれないときから、喉ぼとけをつまんで、「どうしてお喉が嗄《か》れないの？」と、いつも、にわとり小屋の前に座って、いつまでも問いかけておしゃべりしていたようです。「あなたは不思議な子どもだったのよ」と母がよく話していました。また、ウィーンに住んで声楽を学んでいたときにも、鳥に関する出来事がありました。それはまた後ほど書くことにしましょう。

モーツァルトにも、鳥の声を通して自然と一体化しようという気持ちがあったのではないでしょうか？　そしてさらに自然に対する尊敬、崇拝の気持ちがあり、それがおのずと音楽の中に表現されていると思います。

私は時々、モーツァルトという不思議な存在は、実際には宇宙の精神が人間の形を取って、本当に短い期間（一七五六～一七九一年）だけ、この世に遣わされたのではないだろうか、と思うことがあります。モーツァルトは人間だけれど、彼の残した音楽は人間の知恵を越えた美しさに満ちていますし、彼の書いた音楽世界は他の誰にも真似できないのです。それを考えると、モーツァルトを通して宇宙の広大な世界が見えてくるような気がします。モーツァルトの音楽は宇宙からのひとつのメッセージかもしれません。

今日、東日本大震災の後の原子力発電所の事故で、多くの大地、海が汚染されてしまい、私たちの食にも多大な悪影響をもたらしました。それは地球全体の自然のバランスを壊すことになっているのではないかと思います。そのバランスをとり戻すために、今こそモーツァルトの音楽が重要な意味を持ってくるのではないでしょうか。

モーツァルトの精神、モーツァルトの音楽が時代や国境を越えているとしたら、その精神は昔から日本という国にも存在していたのではないでしょうか？　私はそんなことも想像しています。

私自身の経験のなかで、モーツァルトの音楽に助けられる、不思議な出会いに導かれるということと同じように、ふと身近に「猿田彦」が存在していたということを感じたことがあります。猿田彦は天孫降臨の際に、ニニギノミコトを助けて先導した、国の神として『日本書紀』などに登場します。私がさまざまな体験をするときに、モーツァルトと一緒にいつも猿田彦が側にいたと感じています。それは実際にはひとつの世界、宇宙の意思のようなものが別の形で現れただけで、その存在の意味は同じなのではないだろうか。私はそんなふうに考えるようになりました。そして、モーツァルトと一緒に出てくる猿田彦は、パパゲーノと同じような存在なのではないかと思うようになりました。

世界は今さまざまな混乱に満ちていて、多くの問題が山積されています。しかし、それでも毎朝、鳥たちは鳴き交わしています。そこには「自然を大切にするように」というメッセージが込められているような気がします。鳥の声を聴くたびに、モーツァルトがなぜそんなに鳥たちを愛していたのか、それを考えなければならないと思うのです。

第4章

モーツァルトと「魔笛」名歌手との不思議な出会い

シュトライヒのはじめてのレッスン

リタ・シュトライヒ（一九二〇年十二月十八日〜一九八七年三月二十日）は日本にも何度か来日したことのある有名な歌手でした。声の系統としてはコロラトゥーラ系。明るく軽めの声で、「ナクソス島のアリアドネ」のツェルビネッタ役でデビューしています。その後モーツァルトの「魔笛」の夜の女王や、「フィガロの結婚」のスザンナなどを得意の役として歌っていて、他のコロラトゥーラ系のレパートリーもかなり歌っていました。

また、生まれが旧ソ連のバルナウルで、母親がロシア人だったので、ロシア語のオペラもレパートリーにはありました。ここでも世界的なモーツァルト歌手と言われるリタ・シュトライヒにひき合わせてくれたのも、モーツァルトだったのでしょうか。

シュトライヒがウィーンにいる短い貴重な時間は、私はいつもシュトライヒの家に行きました。時々、楽譜の整理などの手伝いをしてあげながら、そこではプログラムの作り方、私の知らないシュトライヒのレコードを聴かせてもらったり、ご主人がいろいろな資料も見せてくださりました。日常の会話の中ではいつも彼女は息子さんのことが気になり、心配していました。ウィーンに戻ったわずかな時ではありましたが、その時には一緒に生活しながらレッスンを受けることができました。ご主人も時々一緒にいるのですが、当時あまり仲の良くなかったご夫婦としては、私のようなクッション的存在があることで、かえってよかったようです。当時のシュトライヒの家はウィーンの中心地、東京で言えば銀座のようなケルントナーシュトラーセというウィーン国立歌劇場に沿っている通りのビルの四階にありました。一階は全部商店で、その上が事務所、そしてアパートになっているという一等地でした。現在は確かアメリカ系のカード会社がそのビルに入っています。そしてシュトライヒが出演していたウィーン国立歌劇場にも近く、非常に便利な場所でした。そのアパートに滞在して、二人でお買いものへ行き、いつも一緒にお料理を作るのが、シュトライヒも私も楽しいひとときでした。

私が初めてシュトライヒのウィーンのアパートを訪問したときのことです。そのビルの一階には「ハイナ」という有名なお菓子屋さんがありました。「まずお茶にしましょう」と言って、その下のケーキ屋さんから出前を取ってくれたのです。ポットに入った温かいコーヒーと、その当時は日本にはなかったイチゴがたくさんのったトルテ（エルトベア・トルテ）を取ってくれて、下のカフェから届くのです。

部屋の中にはショッキング・ピンクに近いソファが置いてあり、シンプルな骨董家具とのコントラストがマッチした素敵なお部屋でした。そういう部屋に招いていただき、声楽のレッスンを受けました。

ウィーン音楽大学（ホッホシューレ）でのレッスン

シュトライヒがウィーンの大学の先生になってからは、私もウィーンの大学に入り直して、そこでレッスンを受けることになりました。この音楽大学のシステムは非常に優れていたと思います。発声科、リート科、オペラ科で本場の一流の先生方に学ぶことができます。

この発声科のレッスンにも、ピアノの伴奏をしながらいろいろと指導してくれるコレペティトゥアの先生が付いてくれます。私たちはその素晴らしい充実した音楽の専門大学で、かなり安い学費でお世話になっていたことと本場の音楽の聖地で学べたことに本当に感謝しています。

またウィーンの音楽学校に学んでいることと、オペラやコンサートが学生のために配慮され、低価格で聴けることも最高の勉強となりました。私も音楽の原点を追究しながら、本場の音楽に触れ、しかも、オペラだけではなくウィーンのアーティスト、海外から来たオーケストラ、一流演奏家、たとえばリヒテル、ポリーニ、アルゲリッチ、ブレンデルなどなどのピアニストの演奏をたびたび聴くこともできたのです。日本人は残念なことに、勉強ばかりしていて、あまり音楽会に行かない人が多かったのですが、私はできる限り音楽会に出かけて、ヨーロッパの本場の音楽を知り、体験をしました。

それは、モーツァルトが感じていた音楽、自然に身体の中から出てくる音楽を感じたいということがありましたし、数多くの演奏会を聴くということのなかから、かなり音楽を自然につかまえることができるようになった感じがしていました。

日本で聴くのとは、オペラもリートもその他のコンサートもかなり感じが違っていました。それは会場の雰囲気、音響、聴衆の集中力などの空気が違うせいもあったのでしょうが、やはりその音楽が生まれた場所で、その音楽が演奏されることに、私の耳、脳も影響されていたのかもしれません。特にリヒャルト・シュトラウスのオペラなどは、ウィーンでなければ味わえない何かがあったと思います。シュトライヒは「ばらの騎士」のゾフィーを得意にしていたので、私も彼女からゾフィーの役、またシュトラウスの歌曲なども教えていただきました。ただし、その後ついた先生からは、「あなたの声はゾフィーではなく、マルシャリンの声だ」と言われたことがありました。私の声は、コロラトゥーラではなくシュトライヒよりはもう少しドラマティックな役柄向きの声だったのです。

卒業してクラスを離れるある日のこと、シュトライヒは私に「今度生まれ変わっても歌手になりたいわ。できたら、あなたのような声がいいわ」と言ってくださったのです。真相は分かりませんが。

シェーンブルン宮殿のコンサートでのハプニング

ウィーンにシェーンブルン宮殿というお城がありますが、そこでは夏の間にコンサートを行います。リタ・シュトライヒもそこで演奏会を行ったことがありました。その宮殿の部屋はおそらくモーツァルトがマリア・テレジア女帝の前で演奏したときと同じ部屋かもしれません。

皇帝一家の夏の離宮だったシェーンブルン宮殿は、ヨーロッパで最も美しいバロック宮殿および庭園と言われています。内部はほとんどがロココ調で装飾が施され、白い壁面には金箔が施されています。ボヘミア製のクリスタル・ガラスのシャンデリアや陶磁器のタイルで造られた暖房ストーヴも、装飾の一部となっています。

プログラムはもちろん、モーツァルトのリートから始まりました。素晴らしいお城の広間でのコンサートが始まり、前半のプログラムは多くの聴衆を魅了し、拍手が鳴りやみませんでした。私が、休憩時間にロビーに出て友達と話をしていると、どこからか「ノリコ〜、ノリコ〜」と呼ばれたような気がしました。友人も「あなたを呼んでいる声がするよね」と言いますし、その声は確かにシュトライヒの声だったので、どうしたのかな、と思っていろいろ見渡して探してみたら、本当にシュトライヒが楽屋の隙間から私を呼んでいたのです。彼女は本当に困って願うように私を呼んでいたのです。

実は、コンサートの前半で履いていたちょっと大きなぽっくりのような厚底靴のヒールが折れてしまい、とても困っていたのでした。「誰か呼んできて」と私に言うので、休憩時間のうちにどうにかしなければいけないという不安と焦りで、私もあちこち走り、やっと宮殿の警備の人を見つけて「シュトライヒの厚底靴が壊れたの。早急に靴を直してほしい」と頼んでみたら、「ここではできないから、とにかく靴を持って来て。私は道具を探してくるから」と言います。私が壊れてしまった高さが二十センチメートルくらいある厚底靴を持って走って持って行くと、その靴をトントンと叩いて、ひものような布を巻いて応急処置の修理をしてくれたのです。靴職人ではない警備の人が手際よく本当に上手に直してくれました。シュトライヒもほっとした顔で靴を受け取り、急いで楽屋へ入っていきました。舞台の上の彼女は歩くのにとても気を遣い、不安げでちょっと滑稽な歩き方でしたが、さすがは大御所。動じることなくコンサートは素晴らしく大成功でした。ハプニングはありましたが、後半も無事に演奏会を終えることができたのですが、モーツァルト歌手の彼女の声は宮殿のコンサートにとても合っていたのです。それはかつてモーツァルトが宮殿のために演奏も作曲もしたということもあるからでしょう。演奏会が終わってからの帰り道で「もしあなたがいなかったらどうしたのだろう」と友人は言っていました。今ではとても愉快な思い出です。

当時シュトライヒはとてもファッションにこだわっていた人で、いま日本で若い女性たちがみんなつけているつけまつげを、当時から使っていたのですが、次第に一枚では足りなくなって、二枚つけてみて、それでも足りないと言って三枚つけていたこともありました。またウィッグ（かつら）もつけてみたり、いろいろとお化粧に気を使っていたのも、楽しい思い出となっています。いま思うと、厚底ヒールの靴をはき、まつげもウィッグもつけ、四十年前にシュトライヒが流行の先取りしていたといえるでしょう。

デルモータから教えられた芸術の神髄

リヒャルト・シュトラウスの歌曲（リート）は、テノールのアントン・デルモータ（一九一〇〜一九八九年）からも大学のリート科で教えを受けました。デルモータはリヒャルト・シュトラウスから直接教えを受け、そのリートをリヒャルト・シュトラウスの伴奏でレコーディングしたものがあります。なので、私はリートに関してはリヒャルト・シュトラウスの孫弟子ともいえるわけです。そしてシュトラウスが望んでいた解釈に関して、デルモータ先生からかなりいろいろなことを教えていただきました。

アントン・デルモータ先生は、ピアニストのヒルダ先生とご一緒に教鞭をとってらっしゃいました。ご主人のデルモータが厳しいときには、奥さまのヒルダ先生がいつも優しくカバーしてくださいました。

私は、数回デルモータの「リーダーアーベント」の譜めくりをさせていただきました。シューベルトの「美しき水車小屋の娘」でしたが、その集中力と演奏はまさに芸術家の神髄でした。

デルモータがお休みされ、自宅で補講のレッスンをなさったことがありました。初めて訪れたその館は骨董美術館のようでした。そこには小さなパイプオルガンが設置され、花の絵のコレクションは見事なものでした。先生のお宅の入り口から玄関には、自然に育ったかわいい野草や野花が愛らしい顔で挨拶してくれていました。もちろん、すみれも愛らしかったです。

そしてレッスンが終わったあとに、小花をあしらった「グムンデン」という有名な骨董の食器でお茶をいただきました。駅から先生の館まで相当坂を上がってきたせいでしょうか、お庭から見える景色にはデルモータ先生の「美しき水車小屋の娘」の歌が聴こえてくるようでした。

ニルソンとの出会い

ビルギット・ニルソンの声は、日本にいた頃に聴いて、その素晴らしさに驚きました。ちょうど大阪国際フェスティバルで「トリスタンとイゾルデ」を歌うために来日したときに、東京でも演奏会を行ったのです。本当に歌と声で感動したのは、その時が初めてでした。

ビルギット・ニルソン（一九一八年五月十七日〜二〇〇五年十二月二十五日）はスウェーデンに生まれ、第二次大戦後にスウェーデンでオペラデビュー。イギリスのグラインドボーン音楽祭で活躍したのち、一九五四年にミュンヘンで初めてワーグナーの「ニーベルングの指環」のブリュンヒルデを歌うと、すぐにバイロイト音楽祭に招聘されて、「ローエングリン」のエルザなどを歌い、バイロイト音楽祭を代表する歌手として活躍を続けていきます。日本でも彼女はバイロイト音楽祭の引っ越し公演として行われた「トリスタンとイゾルデ」でイゾルデを歌いました。

一九六七年に東京でビルギット・ニルソンのリサイタルを聴いた瞬間から、私の声に対しての考えは変わりました。それから海外からの多くの素晴らしい歌手のコンサートも聴きに行きましたが、私の中では変わることなくビルギット・ニルソンが世界最高の歌手であると思っていました。それからレコードは聴いていましたが、生の演奏を聴くことはありませんでした。

ところがウィーンではニルソンのオペラを聴くことができたのです。「トゥーランドット」、「トスカ」、「マクベス」、「サロメ」、「エレクトラ」、「影なき女」など相当な回数の公演を聴くことができました。彼女の公演チケットはどれも入手困難でした。立ち席もいつもと違って大変な人数でした。幸運なことに、それでも私はほとんどのオペラを聴くことができました。これは私にとって魔法の宝でした。

そして、ビルギット・ニルソンはウィーン・フィルにとっても特別な歌手だったようです。最後のカーテンコールのときには、ウィーン・フィルのメンバーがニルソンにオーケストラボックスから必ず赤いバラの花を渡すというのが恒例でした。

私が東京で初めて感激したニルソンのリサイタルから、十年が経とうとしていました。

ちょうど私は母の介護のために、日本への全面帰国を決めたときでした。ここで再び素敵な魔法に恵まれるチャンスがありました。

その日は暗くなりかけた夕方、友達と市電に乗って帰るところでした。市電の中で、これからワーグナーのコンサートへ行くという話をしている乗客の話を偶然耳にしました。私がそのコンサートが行われることをチェックしておりませんでしたので、当然チケットは持っていませんでした。しかし、どうしても気になった私は、とりあえず会場まで行ってみることにしました。全盛期のワーグナー歌手が歌う、オーケストラとワーグナーの夕べでした。とても興味があるコンサートなのに、どうしてチェックできていなかったのか本当に不思議でした。当然ながら、チケットは完売。その日はもちろん、いつものようにチケットを求めていますと掲げている用紙も持ちあわせておらず、困ってうろうろしていました。開演時間も迫ってきた頃、急いでホールに向かって駆け込んできた人がいました。その人はちょっと辺りを見渡して、私に「チケットほしいですか」と言って、間髪いれずにチケットを渡してくれたのです。お礼を言う間もなく、開演も迫っていたのでとにかく私も急いで席に着きました。先ほどチケットをくださった男性もちょうど隣りの席に着いたところでした。私もギリギリ間に合い、やっとそこでお礼を言うことができましたが、「間に合ってよかったね」と言って目配せをしていました。まるで私のためにチケットを運んできてくれたようでした。それはまたしても魔法のような出来事でした。

ところが魔法はこれだけでは終わりませんでした。コンサートがはじまり、歌っているのは当時一番活躍中のワーグナー歌手でしたが、なぜか私はその歌に集中することができませんでした。不思議なことに私はコンサートのあいだ中ずっと後ろのほうでこれまで感じたことのない、何とも言えない温かなパワーを感じていたのです。休憩に入り、通路に出ると、私の席の二列後ろの席になんとビルギット・ニルソンが座っているではありませんか。あの素晴らしいパワーはビルギット・ニルソンのものだったのでした。

次の瞬間、私にとって神のような存在であったニルソンの前で、私は何の躊躇もなく話しかけ始めたのです。そしてニルソンに、レッスンをしていただけるかどうかを尋ねていました。すると、「秋にマスタークラスがあるかもしれないので、決まったら連絡するわね」とおっしゃられ、自分の手帳に私の連絡先を書き込んでくれました。

そしてコンサート終了後に再び、「連絡をするからね」と言ってくださいました。

興奮鳴りやまない私は、すぐにウィーンフィル団長の奥様へ電話をして、事のなりゆきをお話しすると、「ありえない」と奥様も興奮していました。

一カ月過ぎても、ニルソンからは何の連絡もなかったので、私は諦めかけていました。するとそれからしばらくして、ニルソンから手紙が届いたのです。「マスタークラスを主宰する側にあなたの連絡先を教えたので、申込書が届くから」とありました。そして「講習会でお会いできることを楽しみにしている」と書かれてありました。

申込書が送られてきて、早速確認したところその内容は厳しいものでした。受講するまでには、いくつかの難関をくぐり抜けなければならないのです。テープ審査、そしてコンサート形式の審査でした。さらに対象は学生だけでなく、すでに活躍している若いオペラ歌手もでした。テープ審査は無事通過することができ、次は公開コンサート形式のオーディションでニルソンの前で三十分歌うことになりました。嬉しさと同時に不安もありましたが、私の長年の夢が叶ったのです。その結果、審査を通過することができ、受講生は三人に決まりました。

レッスンが始まると、ニルソンは私にまずモーツァルトを勉強するようにと、モーツァルトのアリアからレッスンは始まりました。「伯爵夫人」、「ドンナアンナ」、「パミーナ」で無理をせず声の原点を見つけるというレッスンは、私にとってまさに魔法の修行の旅でした。

ニルソンは、その後講習会が終わったあとでも、ウィーンにいらしたときにはウィーン国立歌劇場のリハーサル室を借りてくださり、そこでレッスンをしてくれました。またあるときには、「今日は歌劇場のレッスン室が使えないので」と言って、わざわざ私のアパートまで来てくださってレッスンをしてくれました。レッスンのあとには、私の作ったサンドイッチやお菓子でゆっくりお茶をしながら、楽しいお話をたくさん聞きました。

当時「あなたにはまだワーグナーは早い」と言われていたのですが、「もう少し時間をかけて、レッスンしていけば、きっとワーグナーも歌えるようになるから」と太鼓判を押してくれたのでした。しかし、その道を追究していこうと思っていたときに、母が病気になり、なかなかうまくは進まなかったのです。

ニルソンの教えの中で最も大事だと思ったことは、「ともかく基本はモーツァルト。その音楽を自然の中に感じて歌えるようになるのが歌の基本である」と言い続けていたことです。あの「ワーグナー歌い」、「トゥーランドット歌い」のニルソンが、そうした大きな役を歌ったあとは、必ずモーツァルトを歌って、自分自身の声のバランスの調整をしていました。すべての音楽の基本にはモーツァルトがあるということを身をもってニルソンが教えてくれたのです。ヨーロッパでは声楽を始めるときに、まずモーツァルトから入り、そしてモーツァルトを常に意識して勉強しながら、自分の身体と声のバランスをとるように心がけている歌手が多いのも納得のいくことなのです。

日本人としては、そのモーツァルトの重要性、モーツァルトの音楽を自然に感じて歌えるようになる、ということが実はとても難しいのかもしれません。自分の脳と身体がバランスよく機能し、耳から自然に音楽が入り、それが自然に表現されていく。そんな音楽のサイクルを、モーツァルトを通して表現できるようになるのが理想なのですが、そのためには、まだまだ勉強して、自然の豊かさを感じなければならないのでしょう。そういう意味で、音楽は一生の勉強になるのですが、それを教えてくれたのがビルギット・ニルソンだったのです。モーツァルトとニルソンは私の本当の先生といえるでしょう。

祝ワーグナーとヴェルディ 生誕二百周年

今年（二〇一三年）はワーグナーとヴェルディ生誕二百周年になります。

私はバイロイトで初めてワーグナーを聴いた日のことを思い出します。それはウィーンで留学生活をはじめた年の夏でした。ウィーンでオペラの演出を目指していた友達の運転するポンコツ車に乗って、友達四人でバイロイトへ行くことになりました。その中の一人がワグネリアンで、いろいろな情報を持っていました。私たち学生にゲネラルプローベを見せていただけないか、当時バイロイトの支配人であったバースさんに直接交渉に行ったのです。バースさんは本当にやさしくいい方で、遠い国から来ている私たち日本人の学生をとても歓迎してくださいました。「何とかしてあげたい」と言って、「確証はないけれど、明日もう一度来てみてください」と言ってくださいました。そして、私たち四人分全員のチケットを用意くださったのです。

ゲネラルプローベと言っても、初日の前日で、バイロイトの住民を招待しての公演だということでした。五時間にも及ぶ長い時間、クッションもない木の椅子で聴くことに耐えられるか少々心配でしたが、バイロイトの劇場で聴いたオペラは格別でした。それは木の響きと特別な空間に囲まれ、時空を超えるような素晴らしい体験でした。

ルードビッヒ二世の多額な資金によって建設されたため、非難も浴びたでしょうが、本当にバイロイトの劇場が存在するということは宝物です。二百歳を迎えられたワーグナーさんはいつも音楽祭の時には劇場に住んでいらっしゃいますよね。本当に素晴らしいものを残してくださって感謝しています。

ヴェルディは自分の残した作品の中で最高な宝とは、音楽家のための老人ホームであると言っていたそうです。そこで暮らす芸術家は、ヴェルディから素敵な贈り物を授かって、今なおそこに住む八十歳を迎えた歌手の歌声は素晴らしく感動するものです。

偉大な作曲家たちが輪になって、私たちの心に音楽の作品を通して見守ってくれていることを祈りつつお祝いしたいと思います。私たちもそれに応えるために原点を求めて、人生の試練を乗り越えていきたいと思います。

オペラ「魔笛」の不思議な世界観

モーツァルトの人気オペラ「魔笛」はとてもユニークな作品だと思います。モーツァルトの人生の最後の年に書かれたジングシュピール（歌芝居）で、台本を書いたのはエマニュエル・シカネーダー（一七五一～一八一二年）でした。シカネーダーとモーツァルトは若い頃からの友人同士で、ザルツブルクにシカネーダーの劇団が巡演したときに、すでにふたりは知り合って仲良くなったようです。その後モーツァルトはウィーンに住むようになりますが、シカネーダーもウィーンに出てきて、一七八九年にはウィーン郊外のヴィーデンにあった劇場の監督となり、そこでドイツ語によるさまざまな音楽劇を上演するようになります。昔からの友人であったモーツァルトも彼のために作品を書いたり、手伝ってあげたりしていました。

そして一七九一年にシカネーダーは「魔笛」の作曲をモーツァルトに依頼しました。当時は魔法をモチーフにした芝居が人気だったようですが、それを取り入れて、しかもシカネーダーもモーツァルトも参加していたウィーンのフリーメイソンの思想もそこに加えたユニークな作品「魔笛」がこうして完成することになります。

シカネーダーはモーツァルトをヴィーデンにあった小さな小屋に住まわせて、そこで食事の世話などをしながら作曲の手助けをしました。その小屋は現在ザルツブルクに移築され、「魔笛の家」としてモーツァルテウム音楽院の庭に置かれています。

一七九一年九月三十日が「魔笛」の初演の日。このときモーツァルト自身がフォルテピアノを弾きながら指揮して、弟子のジュスマイヤーが譜めくりを担当し、シカネーダーはパパゲーノを演じました。その時の楽しげな様子は映画「アマデウス」の中でも再現されていました。

フリーメイソンの思想の影響を受けているので、「魔笛」の世界は特に後半に、少し儀式めいた部分もあります。しかし、そこにパパゲーノという非常におもしろい人物を加えることで、この歌芝居は教訓だけではなくて、ユーモアにあふれた温かい世界をつくり出しています。

主人公であるタミーノは、「東洋の狩衣」を来て登場します。巨大な蛇に追われて、助けを求めていると、三人の侍女が現れてタミーノを助けます。しかし、代わりに、絵姿を見せて、この美しい姫を救うようにと依頼するのです。そこに登場するのがパパゲーノ。不思議な格好（初演時にはたくさんの鳥の毛をつけた衣装で登場したようです）をした鳥刺しで、彼が一緒に旅をすることになります。その時に魔法の笛と魔法の鈴を託され、三人の童子がふたりの先導役となります。

しかし、タミーノとパパゲーノが姫の囚われている城（教会かもしれませんが）を訪ねてみると、そこには厳しい戒律の中で生きている人々がいて、タミーノの求める姫パミーナに会うためにはさまざまな試練を経験しなければならないと告げます。パミーナは夜の女王とこの城の主ザラストロの間の娘で、夜の女王とザラストロは対立関係にあるようです。そこで仕方なく、タミーノとパパゲーノはそこで戒律に合わせた生活を送ることになります。

しかし、タミーノはその教えを守ることができますが、パパゲーノは無理そうです。不思議なオバアサンが現れて、パパゲーノをからかいます。パパゲーノは自殺しようとすると、そこにパパゲーナが現れて、彼を助けます。パミーナと出会ったタミーノは、ふたりが結ばれるために、さまざまな試練を経験することになり、ふたりはその試練を共に乗り越えることによって、結ばれます。ザラストロの勝利です。夜の女王の最後の抵抗も退けられ、最後にはパパゲーノとパパゲーナも結ばれて、ハッピーエンドとなります。「魔笛」の世界は、メルヘン的な要素をたくさん含んでいますが、しかし、単なるおとぎ話ではなくて、現実の生活にも関係するいろいろな教訓を含んでいます。それをモーツァルトの音楽が、難しくなく教えてくれるのです。こうした世界をつくり出すことができたのは、モーツァルト自身がさまざまな人生経験を経て、精神的にも深みを増していたからでしょう。そして、モーツァルトの魂を奏でることができるようになるには、音楽に対する思いはもちろん、モーツァルトの人生経験から生まれた音楽の響きを理解できるようになることが必要なのではないかと思います。

天才的な音楽家でありながら、浪費癖があったり、女性に対して常に関心をもっていたりと、モーツァルトの人間像は多様な形で伝えられていますが、モーツァルトの作品を通して感じると、もっと違う部分も見えてくるはずです。自然を愛し、自然のエネルギーを信じ、そこから力をもらって音楽を書いていたモーツァルト。その姿を一番よく現しているのが、最後の大作ともいえるこの「魔笛」なのでは、と私は思います。もっとこの作品の魅力を、多角的な視点から調べて、現在にも生かすべきだと思っています。

第5章

モーツァルトから学んだ不思議な体験

自然と文化が一体となるヨーロッパ

　モーツァルトが住んで音楽活動をしていた街ウィーン。実際に音楽を勉強するために住んでみると、本当に音楽芸術がいっぱいな音楽の都でした。世界的な演奏家たちが集まり、毎日のようにオペラやコンサートを楽しめる、それも最高水準の音楽会を毎日のように聴くことができ、私たち音楽を勉強する者にとってはとても刺激的で、暮らしやすい街でした。

　また、ウィーンで一番大きい市場「ナッシュマルクト」が一時住んでいた家の前にありましたので、いつも新鮮な野菜や果物を買うこともできました。日本の古漬けに似たキャベツのザワークラウトも大きな木の樽で売っていました。それには浅漬けと古漬けがあり、私はそれにかつお節とおしょうゆを少々かけて、日本のお漬け物の代用としてよく食べました。またアパートの大家さんだけでなく、歌の先生方も家に招いてくださると、素敵なお菓子や美味しい料理でもてなしてくれました。そういうおもてなしの精神はウィーンの生活の中に浸透していました。そうした人々の生活の中から料理やスウィーツの文化が生まれてくるのでしょうし、それが自然とも結びついているのがヨーロッパの懐の深さだと、ウィーンに住んでいる間に、次第に感じるようになりました。音楽も料理も、小説も美術も、街の存在そのものが、自然と深く結びついて文化がつながっているのがヨーロッパなのでしょう。モーツァルトもそういう世界の中で生まれ暮らし旅をして、自然から大きな影響を受けて、それを作品の中に生かし、表現することができたのだと思います。

ウィーンで歌を学んでいるときに、先生方からよく言われたことがあります。それは「モーツァルトはあくまでも自然に歌うこと」ということです。ウィーンの音楽大学で学び始めたときに最初に先生から与えられた曲はモーツァルトでした。そして、私が学んだどの先生も、レッスンのために、はじめにくださった曲は「魔笛」のパミーナのアリアでした。それまで日本で勉強してきたこと、また歩んできた環境は、私たちを取り巻く自然からはほど遠く、その原点から遠く離れた勉強をしていて、間違った先入観でかたまっていました。そのことをもう一度見直すこと、自然という原点に帰るということをまずウィーンで教えられたのです。そしてこのテーマは今でも私にとって永遠に学ばなくてはならない課題だと思っています。

当時のウィーンの音楽大学は各科によって校舎が違いました。声楽科の校舎は演劇科と一緒で、場所はベルヴェデーレ宮殿（現在はオーストリア絵画館となっています）のすぐ横であるメッテルニヒ・ガッセにありました（そしてその後シェーンブルン宮殿の向かいに移りました）。ウィーンでの勉強は素晴らしい体験でした。ウィーンの音楽家たちは自然の流れを常に求め要求してきます。特にモーツァルトの音楽においては、自然に歌えるということがもっとも重要なのですが、それを意識しないでできるようになるためには、かなりの努力と意識改革をする必要がありました。

まるでモーツァルトが自分の身体の中に入ってきて、自分自身と一体化して、その音楽のままに歌う。それはとても大変なことなのですが、ウィーンの自然、オーストリアの自然、大地の自然の中にある魂との呼吸が原点であるように思われ、それは素晴らしいことであり、同時に夢のようなことなのでした。

モーツァルトからの魔法のプレゼント

ところで、ウィーンでもザルツブルクでも、水準の高いアーティストが出演するオペラやコンサートはやはり人気があり、なかなかチケットはとれませんでした。また、一般のルートでは手に入らないチケットというものもあります。それがなぜか、私には、とても手に入れることが困難なチケットが幸運にもよくプレゼントされました。

まず、ザルツブルク音楽祭でのことです。カラヤンの指揮するヴェルディのオペラ「ドン・カルロ」の公演がありましたが、これはカラヤン自身が演出も担当するという話題もあって、チケットは早々に売り切れていました。キャストも素晴らしく、当時の一流歌手が集まっていました。なんとか観たいなと思っていた私は、「だめもと」と思い、劇場の入り口前で「音楽の学生です。チケットをお譲りください」というプラカードをドイツ語で書いて出し、待っていました。すると、ある老人が近寄ってきて、自分の妻が来られなくなったので、チケットを譲ってあげようと言うのです。「おいくらですか？」と尋ねると、「もちろんプレゼントします、あなたは学生でしょ？勉強のために役立てなさい。楽しんできてください」とチケットをプレゼントしてくれました。しかもその席は、一階席の中央の通路側の席で、カラヤンの指揮を目の前で観ることができる二列目の最高の席でした。歌手は一九七五年ドミンゴ、カプッチルリ、ギャウロフ、フレーニ、オブラスツォワ、ネストレンコ。その歌声は、何ものにも代えがたいエネルギーで人々の心を感動させてくれました。指揮者のカラヤンの指揮する美しい姿も近くで観ることができました。私にチケットをくださった方は、割れんばかりのカーテンコールのなか、たびたび私と顔を見合わせて手がちぎれそうになるまで拍手をしていました。そして私も感激を分かち合いました。きっとパートナーと来たかったはず、残念だったことでしょう。私にとっては最高のプレゼント、信じられない出来事でした。祝祭劇場のプルミエ・オペラをこんなにも素晴らしい席で見聴きできたことは、モーツァルトの魔法かもしれませんね。

数年前、この日の公演で歌っていたエボリ姫役のエレナ＝オブラスツォワの演奏会を聴くことができました。それは不思議なことに私の生まれた江古田の音楽大学でのコンサートでした。ザルツブルクも感激でしたが、月日も四十年以上経ち、今日七十歳過ぎにして素晴らしい声と芸術性をもったオブラスツォワの江古田でのコンサートは音楽も声の深みも増して芸術の神髄に達しており、とても感激しました。本当に素晴らしかったです。

友人には「あなたはどうして、そういう運に恵まれているのかしら」と不思議がられましたが、私にはなぜかそういう体験が多かったのです。今思えばそれは運でなく、いつも導いてくださっているモーツァルトが勉強のために与えてくれた魔法のプレゼントだったと思えるのです。

またある時は、音楽祭の劇場の前に立っていると、ザルツブルクの有名なホテルのフロントマンがホテル宿泊のお客様を連れて劇場まで来ていました。いつものように、私はチケットを求めるプラカードを掲げていました。そこへそのホテルマンが近づいてきて、「ホテルまでついていらっしゃい」と私に言うのです。「急げば時間があるから」と言われ、私はホテルマンについていきました。すると、カウンターのところで私に当日のチケットを渡してくれたのです。そして、そのホテルマンは「絶対約束してください。このチケットはオペラが終わったら必ずホテルへ返しに来てください」。そして私が音大生であることを口頭で証明して、そのチケットを受け取りました。

「返してください」と言った理由は、ホテルのお客様が予約していた券でしたが、当日来られなくなってしまい、このオペラの席を空けてしまって聴くことができないことは、とても残念なので、ぜひ音楽学生のあなたに聴かせてあげたいと思ったので、チケットを貸してくれたというものでした。そのオペラを聴いて感激した私は、チケットを返しに行ったとき、ホテルマンに心からの感謝を伝えました。ホテルマンもこのザルツブルクの音楽祭の素晴らしい音楽を共有してくれたことが、とてもうれしいと言ってくれました。ザルツブルクの人々は、本当に音楽を大切なものとして愛しているのでしょう。

ある時オペラへ行くのに着物を着て出かけたのですが、道が混み遅れそうになっていると、そこへパトカーが来て「早く乗りなさい」と言って劇場まで送ってくれたこともありました。

体験の中でも、最も重要な事件がウィーン滞在中に起きました。それは当時のアメリカ大統領のカーターとソ連共産党最高会議幹部会議長のブレジネフが、ウィーンで行っていた第二次戦略兵器制限交渉（ＳＡＬＴ２）に関係することです。一九七九年六月十八日に、両国はウィーンでこの交渉をまとめ、調印することになりました。そして、たまたまその前日に、ウィーンの国立歌劇場では指揮者カール・ベームがモーツァルトの「後宮からの逃走」を指揮することになっていました。この公演はウィーンで最も人気のあった指揮者ベームが、おそらく人生で最後に行なう「プルミエ」（演出などが新しくなったときの初演のこと）となるだろうと噂されていました。それから、歌手はエディタ・グルベローヴァ（スロヴァキア出身の名ソプラノでコロラトゥーラ系では当時最高の歌手でした）がコンスタンツェを歌うなど、最高のメンバーが揃っていたのです。当然のことながら、このプルミエ公演は人気となりましたし、ちょうどその戦略兵器制限交渉が行われていた関係で、アメリカ大統領とソ連の最高会議幹部会議長もその公演に招待されていました。一般客がチケットを購入することはほとんど不可能でした。

その日の夕方、音楽大学でのレッスンを終えた私は、いつも通るベルヴェデーレ宮殿の庭を散歩しながら、シュヴァルツェンベルクプラッツに抜けて、いつの間にか、なんとなく国立歌劇場の裏のチケット売り場へ足が向いていました。もちろんお客様は並んでいません。チケット売り場には「チケットは完売」と貼り紙が出されていました。そして売り場の窓口はもう閉まりかけていました。しかし、チケットがないのは承知で、私は「今日のチケットはありませんよね?」と尋ねてみたのです。すると窓口の係員のおじさんは、もう早く帰りたかったのでしょう、無愛想に「ないよ」

と言いながら、窓口を閉めようとしていました。

しかし、そのときおじさんはふと机の隅にあった一枚の紙きれに目をやりました。そして不思議そうに見つめるとそれを手にとって、なんでこんなところに今頃チケットがあるのかといった顔で「一枚あるよ」と言うのです。私はびっくりして、「ホント？」と言い返したのですが、おじさんは無愛想に「三八〇シリングだよ」と言ったのです。私は一瞬ドキっとして、まるで魔法をかけられたようでした。いつもだったら百シリングくらいしか入っていない私のお財布には、この日に限って三八〇シリング入っていたのです。なんて幸運なことでしょう。その出来事を、いつもお世話になっているウィーン・フィルの故ヒューブナーさんの奥様に電話をしたのです。彼女も「信じられない！」と連呼して、喜んでくれました。彼女も興奮して「オペラが終わったらどうだったか電話してね」と言い電話を切りました。ウィーン・フィルの関係者でも入手困難なチケットだったたからです。

その時に彼女からこんな話を伺いました。「今日のカーターとブレジネフの会談は不調に終わり、ブレジネフは途中で退席、明日の会談はキャンセルすると言われているから、ノリコ、ブレジネフは今日のオペラには来ないかもしれないよ」。国立歌劇場から十分の場所に住んでいた私は、急いで着替えに帰り、再び国立歌劇場に向かいました。席はバルコンの一列目、右には米ソの首脳の夫妻が座るロイヤルボックスがあり、左には舞台という、どちらもよく見える席で、これもまた行ってみて驚きでした。劇場すべてが見渡せる席だったのです。すべてがお膳立てされていたとしか思えませんでした。それは私のためにモーツァルトがまたしても用意してくださった魔法のチケットだったと感じました。

当時のウィーンのオペラの値段は学生にはなかなか高いものでした。音大に通う学生には、国立歌劇場などが高くても十シリングぐらいで立ち席券を用意していてくれましたが、人気公演だとこれもとても入手困難で、朝一番に起きて並ぶこともよくありました。しかし、時には人気ゆえに学校に一枚もチケットがこないこともありました。たとえば国賓が招待されるような場合です。この時もそうだったのです。そして三八〇シリングというのは、私にとって普段の学生券の何十倍もの値段のチケットでしたが、こんな魔法のようなプラチナチケットがなぜか手に入ったのです。それはもう感謝の思いでいっぱいでした。

オペラの開演前にカーター大統領夫妻が席に着かれました。そしてヒューブナーさんの奥様が言っていたようにブレジネフ書記長夫妻はなかなか到着しませんでした。それでもカーター大統領夫妻をはじめ、高齢の指揮者カール・ベーム、出演者、劇場関係者は辛抱強く待っていました。そして十五分ほど遅れてブレジネフ最高会議幹部会議長夫妻が到着したのです。夫妻が到着すると、カーター大統領夫妻をはじめ劇場内のすべての人たちが立ち上がって拍手で迎えたのです。そこには、どうか今夜のモーツァルトのオペラ「後宮からの逃走」を聴いて、ブレジネフがどうか心を開いてくれますようにと、聴衆が心から祈っている、そんな風に私には感じられました。しぶしぶ遅れてやって来たブレジネフは一幕を見て帰る予定だったそうです。しかし、モーツァルトを聴いて心境が変わったのでしょう。最後の幕が下りるまで劇場にいて聴いていたのです。そして、やっと劇場に到着したときには本当に怖い顔をしていたのに、オペラを観たあとは表情がほぐれ、まったく違った穏やかな顔で帰っていったのを私はよく覚えています。

そしてこの時のプルミエ（初演出）オペラは言うまでもなく、特別の素晴らしい公演でした。いつもと違った緊張感が漂う雰囲気ではありましたが、最高の感動をさせてもらうことができたのです。そこに居合わせた多くの聴衆、そしてもちろん高齢であった指揮者カール・ベームをはじめ、ウィーン・フィルのメンバー、多くの歌手、そしてその公演に携わってきた多くの方々の気持ちも、きっとモーツァルトと同じだったのではないでしょうか。演奏者も聴衆も、そしておそらくモーツァルトもこの素晴らしいプルミエオペラを平和の願いを祈りつつ聴くことができたと想います。

私はこの日の夜、ヴォルフガング・アマデウス・モーツァルトがウィーン国立歌劇場の中にいたような気がしていました。そして、自分自身が作曲した素晴らしいオペラ「後宮からの逃走」(Die Entführung aus dem Serail) を聴きながら、劇場の中で核兵器制限交渉と世界平和の実現を祈っていて、それが私に何か訴えかけているような、高貴で不思議な雰囲気を感じ取ることができたのです。

「後宮からの逃走」は、モーツァルトがウィーンに定住して最初の大作オペラでした。不思議な体験をして手に入ったこのオペラのチケットは、ヴォルフガング・アマデウス・モーツァルトからの贈り物だったに違いありません。そしてヴォルフガングは、私をエスコートしてこのオペラを作曲したウィーンの街灯のつく薄暗い夜道の中を一緒に散歩しながら家まで送ってくれていたのかもしれません。彼とは幼少の頃から多くの不思議な出会いがありましたので、どこか懐かしくも感じていました。

そして偶然によって、この席に導かれて行ったことを、私はモーツァルトに感謝しています。なぜ、学校の帰りにチケット売り場に寄ってみようと思ったのか、そして完全に一枚も残っていないはずのチケットが売り場に一枚だけ残っていて、それを私が手に入れることができたのか、まったく説明がつかないのですが、しかしこの不思議な出来事は現実に起こったことなのです。

予期せぬ突然のことだったので気がつけば今日は食事もまだでした。何か作ろうと思っても台所は大家さんと共同でしたので、夜遅くは台所を使わないようにしていました。そんなときはお湯を沸かして即席ラーメンを食べます。ウィーンではこれも私にとってはとてもご馳走でした。はるばる日本から届く両親からの貴重食でしたので。今日のようなオペラのあとは、ちょっとラーメンの雰囲気ではありませんでしたが、やっぱり美味しかったです。

特別な日のオペラの余韻にゆっくりと浸りたかったので、ちょっと夜が遅めだったのですが今日見たオペラにちなんでその日の食後のデザートはウィーンでは有名なバニラキプフェル（三日月形のクッキー）とコーヒーにしました。バニラキプフェルには由来があります。

十七世紀末、ウィーンがオスマントルコに包囲され危機的状況のなかで、朝早くからパンを焼いていたパン職人が、オスマントルコが地下から侵入してきたその物音に気づき、それを自国軍に知らせ、敵国の襲撃を未然に防ぐことができたといわれています。その勝利をたたえ、トルコ国旗に描かれている三日月形をパン職人に使用することを許可しました。今日、私たちが食べているクロワッサンやベーグル、そしてバニラキプフェルはこの時代に生まれたのだそうです。

バニラキプフェルはヘーゼルナッツやアーモンドの粉で三日月形に焼き上げ、真っ白なバニラシュガーがまぶしてある、さくさくやわらかで口どけのよさが幸せにしてくれる私の大好きなお菓子の一つです。自分で焼くこともありますが、この日のキプフェルは国立歌劇場の前にあるお店のものです。美味しいウィーンのお茶のときをゆっくり過ごしながら、この日の出来事を早く両親に伝えたく、早速手紙を書いていました。外では小鳥のさえずりが聞こえていました。真夜中に求愛の歌でも歌っているように、その綺麗なさえずりは自然の中の最高のＢＧＭでした。そして手紙を書きながら、私はとても爽やかで心地よいその歌声に魅せられていたのです。

ところが、小鳥の声はどんどん膨れあがり、大合唱となっていったのです。そして、早く私に聴いてもらいたかったのでしょうか、「早く窓を開けてごらん！」と招かれているようでした。あまりにも美しい小鳥たちの響きに誘われて窓を開けると、思いもつかなかった光景が国立歌劇場の方向の先、ウィーンの森あたりに輝いていたのです。かなり大きな光るものがじっと動かず宙に浮いており、私はそのエネルギーにしばらく引きこまれるようにじっと見ていました。そしてこれは写真に収めておかなくてはならないと思いましたが、その場を離れることに少々不安がありましたし、もしかして写真機を持ってくる間にいなくなってしまうと思うとなかなかその場を離れられず、動けませんでした。一瞬だけその場を離れると何か様子が違いました。

その前後に、私はアパートの窓越しに鳥たちがすごく大きな声で鳴くのを聴いたのです。そして急いで窓から空をふと見上げると、そこには銀色の物体が静かに動いていたのです。それはなんだったのか？　私は、ＵＦＯ（宇宙船）からのメッセージかもしれないと思っていました。そのＵＦＯ（宇宙船）には実はモーツァルトが乗っていて、危機的な状況にある地球を助けるために、時空を超えてウィーンに現れた。そして、さまざまな手段を使って、戦略兵器制限交渉を成立させようとしたのでは。その目撃者として、私を選んでくれた、そんな気がしたのです。その時から、モーツァルトの音楽の中のメッセージを、私はさらに強く感じるようになりました。

その朝、会議をキャンセルして帰る予定と言われていたブレジネフ最高会議幹部会議長は、前夜のオペラ公演で心がほぐされたのか、会議は再開されて、戦略兵器制限交渉が調印されたのでした。これはモーツァルトの音楽が、政治的な対立を超えて地球環境を壊さないようにと、生きとし生けるものすべてに音楽のエネルギーを与えてくれたからに違いありません。この日のことはいつまでも忘れることができませんでした。モーツァルトの音楽によって、世界が良い方向に動いて行く様子を目の当たりにしたからです。

モーツァルトは自然を深く愛し、大地の波動を音楽の響きに変えて、私たちに最高のプレゼントとして届けてくれました。しかし、その大切な自然が、いま遠い世界のことになっています。世界中から報告される自然破壊の話題、そして原子力発電所の事故。世界中の人たちが、不安を感じているように思います。人間である私たち自身が、その大切な自然を破壊し、痛めつける原因をつくっている今日、地球上のあらゆる動物、植物は、地球の自然のバランスが崩れていることを感じています。だからこそ、生物すべてが音楽の響きを全身全霊で求めているのではないでしょうか。それが実はこの二百五十年以上にわたって、多くの人々がモーツァルトの音楽を聴き、癒やされ、モーツァルトの音楽に励まされている、その理由でもあるのでしょうし、モーツァルトの音楽が今なお愛され続けているのは、当然のことなのかもしれません。

それを感じながら、しかし、私たちがモーツァルトの音楽を歌う、演奏するということは、さらに難しいテーマとなり、また重要な課題となってきています。モーツァルトの音楽に触れる喜び、それを演奏する喜びと同時に、そこにはさまざまな難しさ、困難を感じます。それは「魔笛」のタミーノとパミーナ、そしてパパゲーノが受けた試練と同じようにも思えるのです。そこにはモーツァルトの魂の原点を見つける修行の旅があるのです。

モーツァルトの愛した料理

モーツァルトは人生の三分の一を旅の空の下で暮らしたといわれています。故郷ザルツブルクの周辺だけでなく、ヨーロッパ中を旅していましたし、いろいろな宮廷に招かれたこともありました。そんなとき、モーツァルトはどんな食事をしていたのでしょう。そしてモーツァルトはどんな料理を好んでいたのでしょうか?

それを語る前に、ひとつだけ当時のヨーロッパの自然状況を考えてみます。実は十七世紀半ばから十八世紀末にかけては、地球は小さな氷河期に入っていたと考えられています。たとえばテムズ川（ロンドン中心部を流れています）が氷結して、歩いて渡れるようになっていたり、アメリカ大陸でも一七八〇年の冬にはニューヨーク湾が凍りつき、マンハッタンからスタッテンアイランド（マンハッタンの南西にある島）まで歩いて渡ることができたとか、そういう事例がたくさん報告されています。また、ヨーロッパの気候は常に不安定で、不作の時期も続きました。その結果、庶民階級には食物がなかなか行き渡らなくなりました。そんなとき、オーストリアのハプスブルク家からフランスのブルボン家に嫁いだマリー・アントワネットは、「それならどうしてお菓子を食べないのかしら」と語ったと伝えられ、それが反撥を呼んで、フランス革命への気運を高めたともいわれています。

そんな時代ですから、常に市場に豊かに食物が並んでいる現代とは違い、食料そのものを確保するにも難しいことがあったに違いないと思います。またモーツァルトは晩年に行くにしたがって、家計が苦しくなり、友人たちにいつも借金を頼んでいました。その理由はよく分かっていませんが、モーツァルトが浪費家であったからという説は最近では否定されていて、物価の上昇や為替のレートの変更によって、ウィーンがインフレだったという意見、あるいはモーツァルトが宮廷人や貴族たちと付き合うために、儀式用の衣装やかつらなどに常に高いお金を支払わなければならなかったという説、妻のコンスタンツェが病気となり、いつも温泉治療に出かけていたので、その治療費と滞在費がかかっていたという説もあります。

そんな世間の状況と、本人の苦しい経済状況の中でも、モーツァルトは自分の人生を楽しむこと、特に友人たちと一緒に楽しむことを忘れずに、演奏会などのあとには食事に行ったりしていました。

ところで、モーツァルトの好きだった料理とは、どんなものなのでしょう？　小さい頃から旅に出ていたモーツァルト。その旅先から父親がザルツブルクに送った手紙の中には、モーツァルトが故郷の料理を懐かしがっているというような記述が出てきます。現在でもモーツァルトの生家はザルツブルクのゲトライドガッセに残っていて、そこには彼の家族が実際に使っていた台所が残っており、当時の雰囲気を知ることができます。ここで料理が作られ、それをモーツァルトが食べていたのです。モーツァルトは各地の宮廷や貴族に招かれて、そこでは宮廷の豪華な料理を食べることも多かったでしょう。しかし、彼は自然で素朴な故郷の味、母の手料理の味を懐かしがっていたのです。それが彼の原点でした。

モーツァルトの好物だったといわれているのが、ザウアークラウトでした。ドイツ、オーストリアでは欠かせない料理で、日本でいえばその家で作る漬け物のようなもの。キャベツの発酵食品です。そのままでも食べますが、オーストリアの家庭では、煮込んだザウアークラウトを料理の付け合わせとしていただきます。その作り方は簡単です。

ザウアークラウト独特の酸味と臭みが気になる方は、まず水でよく洗います。次にベーコンと玉ねぎをきつね色になるまで炒め、ローリエ、キャラウェイなどの香辛料を少々加え、ワイン少量とコンソメスープで煮込んだらできあがりです。これを付け合わせにして、たとえば、肉料理と一緒に食べるのです。

モーツァルトはバターやクリームなどの乳製品も大好きでした。彼は郊外の湖で獲れた魚（鱒など）をバター焼きにして食べるのが好きでした。また、ザルツブルク近郊は自然が豊かで、そこではさまざまな果実が採れたのですが、そうしたものを一般家庭ではコンポートとして蓄えます。モーツァルトもおそらくそうしたものが好きだったでしょうし、果物では特に林檎が大好きだったそうです。今でもザルツブルク近郊を歩くと、お庭に林檎の木のある家をよく見かけます。そうした林檎は、形も大きさもバラバラなのですが、日本のように商品として売るわけではなく、そのまま採って自分たちで食べるのです。鳥の歌を聴きながら、自然のなかを歩き、林檎を採って食べる。モーツァルトはきっとそんなことを楽しんだに違いありません。

それからモーツァルトのビールとワイン好きは特に有名かもしれません。ある程度のまとまったお金が入ると、ウィーン時代にはすぐシャンパンとトカイ・ワイン（ハンガリー産の甘口の貴腐ワイン）を購入したらしいです。またオペラ「ドン・ジョヴァンニ」の中には、ドン・ジョヴァンニが歌う有名な「シャンパンのアリア」があるほか、食事のシーンでは「素晴らしいマルツェミーノ」を歌います。「マルツェミーノ」とわざわざブランド名を出していますが、この「マルツェミーノ」はチロル地方のイタリア側の一地区で生産される赤ワインのことで、現在ではあまりたくさんは生産されていませんが、モーツァルトの時代には有名だったのかもしれません。イタリアとオーストリアを何度も往き来したモーツァルト、そしてヴェネツィア出身だった台本作家のダ・ポンテなら、旅の途中でそのチロル地方のワインを何度も飲んだことでしょう。

それからもうひとつ、モーツァルトの好物だったのが、レバークヌーデルズッペといわれる、寒い日には欠かせないレバーから作るふんわりした栄養満点のお団子のスープです。これも母親の味に近いものですね。

そのレバーのお団子は、毎日食べるセンメルというパンのかたくなってしまったものを再利用してレバーの中に入れ、好みで炒めた玉ねぎやキャラウェイも入れてお団子にしてゆでます。牛からとったコンソメとともに食す美味しさはたまりません。

モーツァルトは美味しいものが好きだったので、ヨーロッパ各地の美味しい名物料理を食していたようですが、食は細かったようです。

第6章

帰国後の試練、モーツァルトが教えてくれた歌の宝物

歌を忘れたカナリア

私のウィーンでの留学生活は足掛け十年にわたりました。モーツァルトもウィーンでの生活は十年でした。その間、あまりにも偉大な芸術家や演奏家との出会いに、声楽の原点に気がついてきたときには、大きな隔たりに芸術の難しさと苦しみに悩む毎日でした。レッスンのたびに大きなスランプが押しよせ、何度もそれを繰り返す試練と修行の生活でした。

そんな時間が永遠に続くはずはありませんでした。母が五十代後半にして脳卒中で倒れたのです。ウィーンで知らせを受けたときはどうしてよいか分からず、気持ちもかなり動転していたと思います。父は私に「母は大丈夫だから、あなたも遠くでは心配でしょうから、飛行機がとれ次第帰っていらっしゃい」と、私を心配させまいといたって冷静にそう電話で告げたのでした。帰国してみると、母はかなりの重体であり別人のようでした。

本当にショックでしたが、徐々に回復して一カ月を過ぎる頃からリハビリできるようになり、長野の温泉病院へ私が付き添いで行くことになりました。私はそこで付き添いながら、初めての体験と人生について悩み考えさせられました。山の中のひなびた温泉地で、歩くこともままならず、言語障害の残った母と共に過ごしたこの地では、まったく別の感覚がいろいろな音楽となって私の心に伝わり奏でてくれました。そんな淋しく心晴れない毎日でも、鳥の声は毎日私と響きの中で会話してくれ、やさしく励ましてくれました。このことも私にとって辛い時期ではありましたが、歌手として自然から学ぶべき要素としての大きな試練だったのかもしれません。

それから父は、私が三カ月以上学校を休んでしまっていることを心配して、そろそろウィーンへ戻って勉強を続けることを考えるようにと勧めてくれました。当時アメリカに住んでいた妹も帰国することになり、交代できるようになったので私は再びウィーンへ戻りました。

父は本当に忙しく多くの仕事をこなし、時間を惜しむ間もなくよく働く人でした。そんな中で母が脳卒中で倒れてからは献身的に介護していました。朝食を作り、母に食べさせてから出勤、仕事を頑張りすぎている上に母の介護の疲れが重なったのでしょうか、父は自分自身が病に侵されていたのです。父はウィーンにいる私によく手紙をくれました。ある日送られてきた一通の手紙に、自分の体にもしものことが起こったときのことを考えて、残される半身不随の母と幼い頃から病弱であった私のために、家賃収入で生活してゆけるようにと家の建て替え計画のことが書かれていました。その一部は音楽室にしてウィーン風のサロンコンサートでもできるようにと音楽好きの父も夢見て、手紙の中でたびたびデザインなどのやりとりをしていました。

それでもその間病は進行していたのです。そして父は建物の完成を目前にして、他界してしまいました。私はもしかしてと最悪の事態も時には脳裏を過《よぎ》りましたが、まさかこんなに早くその時が来ようとは思ってもみませんでした。その後、母は夫を亡くし、なんとかしなくてはと思ったのでしょう、自らの意思で遠く離れた温泉病院でのリハビリのための生活を望み入院したのです。しかし現実は甘くはありませんでした。母は淋しさの限界と、それを我慢していたことで極度の精神衰弱になってしまい、リハビリどころではなくなっていたのです。そしてそこからさまざまな合併症を併発して、身体能力は入院する前よりも低下してしまいました。母の生活を今後どうしていくか話し合った結果、妹と私との合意のもと、私が帰国するまでという条件で、妹の家族が母を一時的に迎え入れて一緒に生活をしてくれたのでした。

母の介護のために帰国した私は、その生活環境に慣れるのにかなりの時間がかかりました。私は幼少の頃から介護される側であり、母には本当に心配と苦労をかけてきました。それまでの私は、自分の体調をどうしてもひとりで維持することができないときには帰国することもありました。時には妹の出産のお手伝い、またある時は母の介護にとたびたび帰国して、母と妹たち家族と数日であったり数カ月にわたって生活することはあっても、生活を二人きりで共にすることは人生の中で初めてのことでした。まだ介護保険もなかった頃、介護生活の中で、人生においての複雑な思いのなか、苦しみと幸せとを交互に感じるという、今まで経験したことのない多くのことを学ぶことになりました。この歳になってやっと、介護される側の辛さ、介護する側の辛さ、その両者の思いも少しずつ理解できるようになってきたと感じていましたが、毎日の生活の中で知らず知らずのうちに溜まってくるストレスもあるのです。このような生活において、リラックスできる、そよ風のような優しいモーツァルトの音楽が流れていたら、両者にとって助けになるかもしれません。心と気持ちが楽になるかもしれません。私には、爽やかな音色の響きに浄められ助けられていると無意識に感じられたことが、幾度となくありました。

幼少の頃から体の弱かった私と脳卒中で半身不随になった母のために、父は自分が亡くなったあとの私たちの生活を考え、計画してくれていた家賃収入がわずかながらあったので、それから約五年間、母が亡くなるまでは経済的には何とか平穏に生活できていたのです。

ところが母が他界して数週間経った頃、思いもよらない悲劇が始まり出したのです。それはある金融機関と母の間に取り交わされた契約でした。母と二人で生活していた間は、その銀行とは一度も面会したこともなく、説明を受けたことももちろんありませんでした。私と一緒に生活をし始めた当初から母の身体は半身不随であり、強度の白内障も患っており、多くの合併症をかかえ、そして認知症でもあったのです。もちろん文字も書くことも読むことも母はまったくもって不可能な身体でした。

送られてきた文書には、莫大な借金を抱えているという事実、そして白紙でいくらでも書き込むことができるような書類そして包括保証書とがそこには存在していたのです。

保証人は、本人が貴行との取引によって現在および将来負担するいっさいの債務について、本人と連帯して且つ保証人相互間においても連帯して保証債務を負い、その履行については、本人が別に差し入れた銀行取引約定書の各条項のほか、次の条項に従います。

保証人は貴行がその都合によって担保もしくは他の保証を変更、解除しても免責を主張しません。保証人は、本人の貴行に対する預金その他の債権をもって相殺はしません。保証人が保証債務を履行した場合、代位によって貴行から取得した権利は、本人と貴行との取引継続中は、貴行の同意がなければこれを行使しません。もし貴行の請求があれば、その権利または順位を貴行に無償で譲渡します。保証人が本人と貴行との取引についてほかに保証をしている場合には、その保証はこの保証契約によって変更されないものとし、またほかに限度の定めのある保証をしている場合には、その保証限度額にこの保証を加えるものとします。保証人が本人と貴行との取引について将来ほかに保証をした場合にも、前項に準じて差しつかえありません。

ここに提示した文書はその保証書の文面の一部です。これは闇金融ではなく大手の銀行のものです。世の中にはこのような内容の保証書が存在し、モラルのあるエリートといわれる人々が平気で法を犯すような契約をしても、その体制と権力には私たち庶民はほとんど対抗できないのです。

　この保証書の内容を銀行側から説明されれば、ほとんどの人が保証するはずがない内容のものです。私の母のように認知症があって意思判断能力のない人もこれから増えてくるでしょう。高齢社会の今、私たちは正しい判断と認識をもたなくてはならない時代に入りました。みなさんにも注意していただきたいと願うばかりです。

　この保証書を盾に金融機関などがさまざまな圧力をかけてくる、そんなことが続きました。次から次へとそういう問題が起こるので、私としてはまったく対処できないような毎日の中で、ひたすら重荷だけが両肩にのっかってくる、そんな日々でした。当然のことながら、帰国してから歌の道に専念することなどできなくなり、精神的にも疲れ果て、私は歌うことをやめてしまったのです。

　もちろん、信じられない無茶な契約に対抗して、弁護士さんに相談したり、裁判に持ち込んだりしました。弁護士さんも、「その契約は法的に無効にできると思う」と、引き受けてくれたのですが、実際には大きな権力と圧力のなかで、信じていた弁護士さんにも裏切られました。

　私は、弁護士さんと会い、裁判所に通い、交渉事をするという毎日に突如放り込まれたのでした。音楽という純粋な世界をモーツァルトと共に歩んできた私には、別世界すぎて、そこでは音楽の知識などなんの役にも立ちません。そして、自分の無力さを教えられることになり、精神的にもダメージを受けていきました。歌を歌うことなど、まったくできなかったのです。歌を忘れたカナリアのように。

留学中、多くの偉大な芸術家、演奏家との出会い、声楽の道を深くたどり勉強するなかで、大切な原点が見え始めてきました。現実の社会でそれを求めることは、あまりに大きな隔たりがあることに気づきましたが、それを求め続け勉強してゆくことは、同時に芸術の難しさと苦しみ、時には喜びも幸せでもありました。そして自然が原点であるということを何度も考えさせられました。この世の中には、私が勉強して学んできたこととはまったく違う世界が存在することにただただ驚き、戸惑うばかりだったのでした。

モーツァルトとホームレスの不思議な出会いと教え

そんな時期に、とても不思議な出来事がありました。銀行などの問題を抱え霞が関の裁判所に行かなくてはならず、その帰りに、私は相手方の答弁と弁論がまったく理解できずに、人間不信と不満で苦しみ、お腹の中の虫がイライラ、ムシャクシャしていました。その虫が収まらないなんとも言えない気持ちと闘いながら、私はぼーっと歩いていたようです。

ふと気がつけば、そこは日比谷公園でした。私は公園の中の小さな池の前のベンチに無意識に腰をおろし、納得のいかない裁判所での出来事、そしてそれによって引き起こされた私の中の平常ではない気持ちを収める場所を探しながら、ため息をつき、考え込みながらぼーっとしていたのです。気がつくと、こんな殺風景な大都会の中にも、池があって、池の中にはオタマジャクシがたくさん泳いでいました。ほっとさせてくれる木々、花そして水辺、優しく歌う鳥の美しい声が、私に「元気を出しなさい」と勇気づけてくれていたのです。その鳥の温かなメッセージが私を日比谷公園の中へと導いてくれたような想いがしました。自然と鳥のさえずりが、私の辛い心を一瞬でも癒やしてくれるこの小さな憩いの場、この日比谷公園へと誘ってくれたのだと思いました。いつもだったら、霞が関の裁判所の前の駅から地下鉄に乗って帰っていたのです。

それから、池の前のベンチで心が落ち着くまでしばらくそこに座っていたようです。鳥のさえずりでやっと我に返ると、ちょうどお昼どきでした。私は、いつも忙しくてお昼ご飯を食べる時間もない弁護士さんと事務の方に差し入れるつもりで買ったお稲荷さん二折りを持ったままでいたことに気がつきました。これは最寄りの駅の近くにあるお店のおばあさんが手作りしているお稲荷さんで、ゆずとゴマの風味がたっぷり入ったものでした。

気持ちも少し落ち着いて、朝から何も食べていなかった空腹感もあり、せっかく差し入れるつもりで持参したお稲荷さんなので、多少気が引け、ためらいましたが、このベンチで食べることにしたのです。しかし、なんとなく気になったので、周りを見回すと、隣りのベンチには、あごひげを長く伸ばした目のキレイなホームレスの老人が、あまり多くはない整理された荷物を下に置き、じっと池の水を見つめているようでした。

稲荷寿司は二折りありましたので、お節介だったかもしれませんが、私はひとりで食べるのは気が引けたので、その老人に声をかけてみました。ちょっとためらいもありましたが、勇気を持って、「ちょっといいですか。友達が来られなくなって、稲荷寿司の折がひとつよぶんにありますが、とても美味しいので、よろしかったらいかがですか?」と声をかけてみました。するとその老人は、「ありがとうございます」と言って受け取ってくださいました。その方は丁寧に包装を取ると、再び池のほうを見つめながら静かに、ゆっくりと召し上がり始めたのです。

落ち着きと豊かなひげをたくわえたこの老人は、昔は何をしていた方なのだろうか、と私は思いました。そしてお稲荷さんを私もひと口ふた口食べたのですが、無性にお茶がほしくなりました。そこで売店のほうへ歩き出すと、どこからともなくモーツァルトの音楽が聴こえてきたのです。それは私が絶対に聴いたことのある声で、その響きを求めて、その声の方向へと耳を傾けて探していくと、さっき私が腰を下ろしていたベンチから池を挟んで向い側にある小さな東屋からでした。そして、もう少し近づいてみると、確かにそれは間違いなく私がウィーンで教えを受けた、世界的なモーツァルト歌手であるリタ・シュトライヒの声だったのです。

彼女はモーツァルトが最晩年に作曲したオペラ「魔笛」の中の、有名な「夜の女王のアリア」を歌っていましたが、それは小さなラジカセから流れてきていたのです。そこの東屋には、さっきのホームレスの老人とはまた別のホームレスの方が生活しているようでした。そして、そのホームレスの方は、この東屋を完全に自分の棲家のようにして、真ん中のテーブルにはテーブルクロスを敷き、お花を飾り、コーヒーカップを置いて、そしてモーツァルトを聴いていました。そこはまさにモーツァルトが「魔笛」を作曲した小屋のようでした。

そこで生活しているホームレスの方は、まるでオペラ「魔笛」の中の自由で気ままな登場人物パパゲーノかもしれないと感じました。まさか現実に、昼間の日比谷公園で、そんなことが起きるとは思ってもみませんでした。それは夢のような不思議な体験だったのです。

先に買ったお茶を老人に届け、ふと思いました。もしかして、じっと静かに池を見つめていた彼は、自然の中に暮らす人で、普通の人よりも繊細な感覚をもっていて、遠くからでもそのモーツァルトの音楽が聴こえていたのかもしれません。私はかなり近づかなければ、その音楽が私の先生が歌っている曲であることも気づきませんでしたが。

「現実かな」とさえ思うようなこの光景に微笑ましさを感じ、さっきまで辛かった気持ちもいつしか癒されている、モーツァルトのやさしい愛に包まれていることに気がついて、心の中で思わず「ありがとう」と呟いていました。そして、その日比谷公園で出会ったふたりのホームレスの方が、とてもキレイな目をしていることに気がつきました。すべての人たちにあてはまるわけではないですが、日比谷公園の周りの官庁街で仕事をしている官僚の人たち、そして政治家たちの中で権力を笠に着てしたい放題してる人たちに、こうした目のキレイな人は見かけません。私たち庶民が汗水流して、一円でも節約しながら働いて納めた税金を、湯水のように使って、当たりまえだと考えている人たちの荒んだ心。本当にモラルを知ってほしいし、人間の原点を深く正しく見つめて考え直し、優しく素直な心と気持ちとなって、自然な心でモーツァルトを聴いてみてほしいと思いました。

エリートと呼ばれる方々のずる賢い権力志向に染まった頭を、どうかバランスのとれた心と頭に戻してほしい。それにはモーツァルトを聴かせることです。モーツァルトを聴けば、精神的にも、肉体的にも癒やされ、心身ともにバランスのとれた生活と仕事ができるようになるはずです。私が永田町や霞が関で出会った人たちと、日比谷公園のホームレスの方々はまったく両極端の生活をしていましたが、そこから大切なことを勉強させていただいたような気がします。

私たち人間は、外見にとらわれ、本当に大切なものを見失ってしまいます。物事の原点を見直したいと思います。私が公園で聴いたオペラ「魔笛」は、フリーメイソンの教え（＝自由、平等、博愛）を伝えるために、永遠の世界、宇宙の平和への祈りを込めてモーツァルトが書いた作品だといわれています。このオペラを観たあとには、人間一人ひとりが、真実と誠のモラルを認識して心にとめて生活していきたいと考えるようになります。それを、権力を持った人たちとホームレスの人との対比という形で、私はその日、日比谷公園で体験したのです。そして私はここでもまたモーツァルトからのメッセージだったと理解して、感謝の気持ちが込みあげてきました。

もしかして、そのふたりのホームレスさんは、「魔笛」に登場するザラストロとパパゲーノだったのかもしれませんね。

モーツァルトからの愛の歌

大きな組織と権力には、母や私のような弱者はゴミのごとく扱われてきました。しかし、無力感にばかりとらわれていては、生活していくこともできません。私は、ウィーン時代に学んだことを生かすために、まずウィーンの料理、モーツァルトが好きだった料理を出すレストランをしてみることにしました。

しかし、素人の悲しさで、お店の体裁はなんとか作れても、そこに料理人やアルバイトを雇い、食材を仕入れして、それを管理し、料理を提供するまでの経営的なセンスがまるでわかりません。食材の原価も騙されるし、それを交渉して下げる、というようなことも難しかったのです。お店を運営している間、そういうことがずっと続きました。やっても赤字になると、お店をやっている意味がわかりません。それでも徐々に従業員を減らし、できるだけ私が厨房に入りました。早朝五時出勤の日もありました。すべての片づけを終えて帰宅するのが夜中二時になることもしばしばでした。あれやこれやとイベント出店、料理の味、メニューの追究と勉強もしながら試み続けましたが、疲れもピークに達しました。手伝ってくれていた主人もとうとう重い病になり、ひとりで頑張っていた私でしたが、精神的にも肉体的にも限界でした。そして結局、お店を閉めてしまうことになりました。

そんな時、父が病の中で計画し建ててくれたレッスン室兼サロン室を貸してもらいたいという話が持ちあがりました。それはウィーンの声楽の先生でした。そこで私もそのレッスンを受けてみることにしたのです。声を出すのは実に三十年ぶり……。心配でしたがとても褒めていただき、声も失われていなかったようで、勇気が出ていました。次第に自分も音楽を志していたことを思い出してくるようになりました。さまざまな場所で出会うモーツァルトの音楽が、それを後押ししてくれるような気がしました。日比谷公園での体験のように、いたるところにモーツァルトがいて、またパパゲーノやザラストロが変装（？）して、いろいろな機会に登場して、そっと励ましてくれる、そんな感じがしたのです。そしてモーツァルトの音楽のメッセージ、「自然を大事にし、音楽を通して、宇宙的な平和を実現する」ということを強く感じることが多くなりました。その後、テノールで「魔笛」のタミーノ歌手であった先生にレッスンを受けることができました。

この年齢で多くの試練と修行を受けてきた私の楽器は、もしかしてモーツァルトの魔法の試練とともに、少しずつ自然の歌の器としてありたいと願うようになっていったのかもしれません。

そんな時に起こったのが、二〇一一年三月十一日の東日本大震災と、その後の福島第一原子力発電所の事故です。いまだに被災地は復興していませんし、原発の事故も収束していません。放射線で汚染された地域も多く、そこに住んでいた方が帰ることもまだできません。東日本大震災はもしかすると千年に一度の大きな地震によるものだったかもしれませんが、しかし、それは現代の文明に対する警告を含んでいたようにも思われます。亡くなった方には深い哀悼の意を捧げます。そして、少なくとも生き残った私たちは、そのメッセージをよく考え、これからの世界をよりよくするために生かしていかなければならないと考えています。そのときに、自然からのエネルギーをたくさん含んでいるモーツァルトの音楽は、私たちを優しく励ましてくれるのです。

私も、凹んでばかりいないで、モーツァルトの音楽を通して、自分自身が進むべき方向を見つけ、そして音楽の素晴らしさを皆さんに訴えていきたいと思うようになりました。それが多くの先生方、そしてモーツァルトへの恩返しだと思います。

モーツァルトの音楽は宇宙的だといわれます。特に晩年に近い時期の作品、「交響曲第四十一番ハ長調（ジュピター）」やオペラ「魔笛」には、モーツァルトの宇宙観が正直に、そして音楽的に表現されていると思います。それを聴いて、そのメッセージを受けとめ、さらに、その音楽が理想としている美しい世界をつくり出すこと。それが二十一世紀に生きている私たちにとっての重要な仕事なのでしょう。私はそのことをより多くの方に知っていただきたい、そして、モーツァルトの音楽が日常の空気のように自由な存在であってほしいと願っています。

大自然と調和して深呼吸をすれば、世界平和も見えてくるでしょう。

カバー絵画 Meari Hatagaya

おわりに～父と母の出逢いの街、江古田

江古田は日本大学芸術学部、武蔵野音楽大学、武蔵大学の三大学がある芸術、音楽、文化の街です。

私はこの街で生まれ育ちました。江古田の北口駅前には浅間神社が鎮座しており、その境内には富士塚（江古田富士）が築かれています。塚入口の鳥居から頂上までは比高八メートル、一合目から八合目まで作られ頂上は回り道となっています。「江古田富士」は都区内の富士塚の中で大規模な部類に属し、国の重要有形民俗文化財に指定されています。そこは私が小学校のときの格好の遊び場でした。富士塚に登ることは禁止されていましたが、監視の目を盗んではよく登頂したり、鬼ごっこをして見つかると怒られた小さい頃の思い出の場所でもあります。

毎月十五日には縁日がでて賑わっていました。それも今ではなくなり懐かしい思い出だけが残っております。母はよく私を連れてお参りしておりました。そしてここの境内の二本の大きな欅は清々しく小鳥の声も美しく、その下に立つと何とも気持ちが

いいのです。ここにはモーツァルトが舞い降りてくるのではないでしょうか。そう考えると、江古田に音楽、芸術、文化の専門大学が存在するのも納得できることです。富士塚の中腹には鳥天狗が向かい合っているのですが、それはまるでパパゲーノとパパゲーナを思い起こさせるのです。なぜか、江古田の浅間神社にはモーツァルトが降臨していたと思わずにはいられません。そこに音楽・芸術・文化の聖地ができていることは不思議ではありません。若い学生さんはここの前を通るときはちょっと頭を下げてみてください。自分のご利益を求めるのではなく、心に問いかけてみてください。心に偽りのない呼吸ができたかどうかを。

江古田がモーツァルトの聖地と考える私にとって、自然、自由、博愛、平等、世界平和や地球のために祈りたいものです。今は、日本が変わるチャンスのときです。物質経済社会から音楽、芸術、文化、社会へとみんなの各々の心が自然と調和したとき、素晴らしい呼吸ができるのです。その呼吸は混じりけのないエネルギーを持つのです。そのエネルギーは自分自身の宝です。各々が目指していることが自然とのバランスのなかで見つけられるでしょう。

浅間神社の前の道ではよく有線からでしょうか、「魔笛」のＢＧＭが流れていることがあります。私はとても軽やかな気持ちで歩いてしまいます。音楽は、特に合唱は自分の体そのものが楽器となって奏でられるものです。自然と調和のとれた呼吸の中で歌うと素直な心になれます。

毎年行われるＮＨＫの合唱コンクールをテレビで観ることがあります。私は賞のために頑張って取ったときの喜びの涙、賞を取れなくて落ちたときの悔しい涙、そして最後にコンクールに参加した全員で歌っているときに自然にわいてくる涙をよく見ます。その涙は歌っているときに何とも言えない音楽への感謝が湧き上がって自然と出てくるものなのでしょうか。そのときの大合唱はとても自然の響きを放つのです。ウォルフガング・アマデウス・モーツァルトはそんな驚きを求め、感謝していると思います。修行があってこそ素晴らしい演奏ができるのですが、その中の音楽に勝ち負けで戦うという気持ちがあると自然の響きが減少してしまいます。それは、モーツァルトがちょっと残念に思うかもしれません。

日本は第二次世界大戦で広島と長崎に原子爆弾を投下された、世界で唯一の被爆を受けた国です。このことを教訓として、二度とこのようなことが起こらないようにと多くの人々は毎年願い、祈ってきました。被爆者の方々自らがこの悲惨な状況を一生懸命世界各国に伝え、努力しているのです。その思いとは裏腹に、その心を無視して、私たちの国はびっくりするような速さで五十カ所を超える原子力発電所を造ってしまったのです。

東日本大震災からもう十一年もの月日が経とうとしています。震災による福島の原発事故も解明できず、処理できず、汚染されて続けている未解決の中でどうして再稼働の話になるのでしょうか。再稼働と言われる人々はどのような心と精神を持っているのでしょうか。被災された多くの方々は、まだまだつらい環境の中で我慢して生活をしているのです。復興があまりにも遅すぎます。完全に終息するのはいつになるのでしょうか。

人間の力は自然の力には絶対に及びません。たとえば津波防止のために高い高い無機質な堤防を建てて自然との調和を壊せば、何らかの形で地球のバランスは崩れてしまいます。大切な地球のエネルギーを使って造り続ける使い捨て産業、目先の経済のことしか考えられないのでしょうか。何とも残念で悲しい現実に、毎日本当に悩んでしまいます。

日本もバルト三国のエストニアのように、もっともっと合唱を広げて、国中が合唱を通して潤う心と愛の政策を出してほしいと思います。合唱の日を作りませんか。合唱は何の物質的廃棄物は出ません、汚染されません、環境破壊も起こりません。合唱によって心は豊かになります。そして、子どもから大人まですべての人々が参加できるのです。勝ち負けの音楽ではなく、自然と大地と共に呼吸をして歌いましょう。それがヴォルフガング・アマデウス・モーツァルトの何よりの願いだと思います。

最後に、本書を出版するに際していろいろとご尽力をいただいた、片桐卓也さん、私が手を骨折して執筆がままならないときにもいつも寄り添ってくださった幻冬舎ルネッサンス編集部のみなさんに御礼申し上げます。

二〇二二年二月

原澤典子

この作品は２０１３年刊行
『モーツァルトに導かれて』
（幻冬舎ルネッサンス）の
新装改訂版です。

〈著者紹介〉

原澤典子（はらさわ のりこ）

1946年東京江古田に生まれる。武蔵野音楽大学声楽家卒業後、留学のため渡独。エッセン音楽大学卒業。ウィーン国立音楽大学発声科、リート科、オラトリオ科、オペラ科大学院各科卒業。リタ・シュトライヒ、アントン・デルモータ、セナ・ユリナッチ、ハンス・ホッターに師事。ドイツ、スイス、リヒテンシュタイン、オーストリア各地でコンサート、ラジオ放送、テレビに出演。イマス・ユネスコ主催ビルギット・ニルソン賞受賞。日本ではサントリーホール、都市センターホールなどでリサイタルを開く。東京フィル、東京交響楽団、新日フィル、日フィルなどと共演。その後、レストラン「パパゲーノ・ガルテン」のオーナーシェフを務めた。またNHK番組「スーパーピアノレッスン」ではモーツァルト料理で出演するなど活躍。

モーツァルトに導《みちび》かれて

2022年3月18日　第1刷発行

著　者　　原澤典子
発行人　　久保田貴幸

発行元　　株式会社 幻冬舎メディアコンサルティング
　　　　　〒151-0051　東京都渋谷区千駄ヶ谷4-9-7
　　　　　電話　03-5411-6440（編集）

発売元　　株式会社 幻冬舎
　　　　　〒151-0051　東京都渋谷区千駄ヶ谷4-9-7
　　　　　電話　03-5411-6222（営業）

印刷・製本　シナジーコミュニケーションズ株式会社
装　丁　　小松清一

検印廃止

Printed in Japan
ISBN 978-4-344-93337-8 C0095
幻冬舎メディアコンサルティングＨＰ
http://www.gentosha-mc.com/